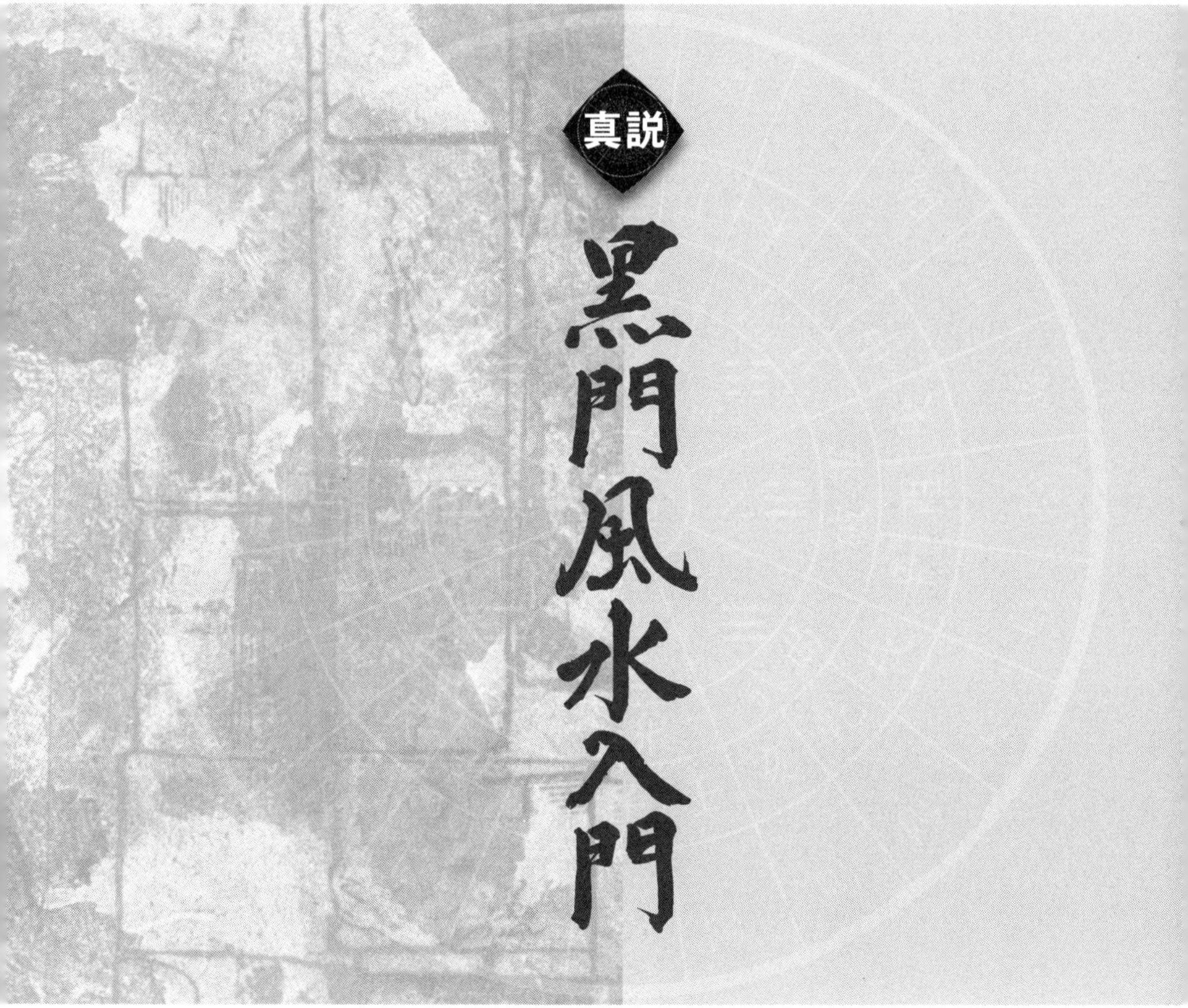

真説

# 黒門風水入門

# はじめに

「風水」という言葉が日本で流行り出したのは、大体、今から三十年くらい前です。この間、「風水」を冠するものが沢山発生してきました。

しかしながら、そのほとんどが中国発祥の風水の理論とは全く異なっており、酷いものになると、風水とは全く無関係なものまで「風水」と名乗っているケースも少なくありません。顕著な例は、テレビで風水師を名乗る方々が芸能人の家相をチェックするという番組で、その放映内容は「テレビ的におもしろおかしくする」ということを差し引いても、およそ風水とは言い難い内容となっており、「これが一般的に風水と思われているのか」と拝見するたびに歯痒い思いをしております。

ちなみに、テレビでよく紹介されている家相術のほとんどは、ごく最近、九星気学等を基に日本で考案されたもので、中国伝統的な風水とは全く違うものです。

勘違いされないように付け加えておきますが、決して、その方達の技法や運気アップの効果や結果を否定しているのではありません。あくまで、中国の伝統的な風水とは異なるということを申し上げさせていただいているだけです。

風水に関する、こんな状況の中、少しでもご興味のある方に、本当の中国伝統の風水を知っていただきたく、このたび、筆を執ることにいたしました。

本書では、先述した背景も踏まえ、占術の知識のない方にでも、風水の本質を理解していただける内容となっております。なので、既に知識のある方には少々物足りない内容かと存じますが、風水の真説の流布のためと思い、ご理解いただければ幸いです。

掲載している処置方法も、実践していただきまして、その効果を楽しんでいただきながら、皆様方の生活に風水が根付き、それにより豊かな生活を送られますことを祈念しております。

風水師　佐田龍星

# 目次


はじめに　2

**第一章　基礎編**　11

一　風水とは　12
二　風水の種類　15
三　風水と呼べる条件　17
四　巒頭と理気　22
五　刑殺　23
六　川　29
七　五行論　31
八　五行の相生と相剋　38
九　相生相剋の実際　41
十　五行と形　44

十一　八卦　50
十二　九星　54
十三　先天数と後天数　59
十四　太極　61
十五　座と向　63
十六　家の欠け張り（相術としての風水）　65
十七　命卜相医山　69

第二章　八宅　71

一　八宅の概要　72
二　八宅の座向　73
三　八宅の作盤　74
四　大遊年変爻法　78
五　宅盤　80
六　宅命相配・屋命相配・床命相配　81

七　八遊星　84
八　八遊星の象意　86
九　八遊星と五行の関係　90
十　間取り別使用法　94
十一　目的別使用法　97
十二　八宅と癌との相関関係　99
十三　八遊星の応期　101
十四　八宅の鑑定法　103
（一）宅卦の求め方　103
（二）方位の区切り方　104
（三）宅卦・八遊星の出し方の色々　106
**第三章　三元九運と宅卦**　107
一　三元九運とは　108
二　干支暦　109

三　三元九運の算出法　113
四　三元九運と宅卦の関係　116
五　元運と旺衰　121
六　両元八運　123

## 第四章　玄空飛星　125

一　玄空派とは　126
二　玄空派の特徴　128
三　フライングスター　129
四　玄空飛星の欠陥　130
五　二十四山　131
六　定向論　134
七　玄空飛星の作盤　138
八　挨星盤の判断の仕方　143
九　替卦法（起星法）　145

十　挨星判断　147

十一　太歳と三殺　158

十二　玄空飛星の格局　160

十三　九運　163

十四　挨星の吉凶　166

十五　五行の処置　168

十六　五行と物質と色　169


## 第五章　鑑定実例　171


例1　南が欠けた家　172

例2　目黒区　某レストラン　174

例3　相談内容から間取り図を完成させた例　175

例4　玄空飛星で作ったオフィス　180

例5　長女が居つかない家　182

例6　実家の一室単位でも風水が効く例　184

例7　年運が凶意を増加させた例　185
例8　元運が変わって大吉になった家　187


## 第六章　風水に関する誤解を解く

191
Q1　北東と南西は良くないというのは本当ですか？　192
Q2　家は南向きがいいのは本当ですか？　193
Q3　西に黄色は金運に効くのですか？　194
Q4　風水で財布が黄色だと金運が上がるって本当ですか？　195
Q5　北枕は悪いって本当ですか？　196
Q6　盛塩は風水に効くというのは本当ですか？　197
Q7　トイレが汚いと運気を下げるというのは本当ですか？　198
Q8　玄関が散らかっていると金運が下がるのですか？　199
Q9　玄関に鏡を置くといいって本当ですか？　200
Q10　キラキラするアイテムが風水にいいというのは本当ですか？　201
Q11　観葉植物や緑のものをおくと運気がアップすると聞いたのですが本当ですか？　202

Q12 この間、テレビで「今年の風水流行色」といっていましたが、風水で流行色というのはあるのですか？ 203
Q13 部屋に暗い色のカーテンは凶だといわれましたが本当でしょうか？ 204
Q14 家を選ぶ時は、どの部屋を重視したらいいですか？ 205
Q15 とある心霊研究家の方が、「風水は、人によってやり方が違うので信用ができない」といっていました。それに関してどのように思われますか？ 206
Q16 風水グッズって本当に効くのですか？ 207

## 巻末資料

巻末資料 209
巻末資料1 風水鑑定の手順（玄空飛星） 210
巻末資料2 主な風水の道具 211
巻末資料3 主な風水アイテム 212
おわりに 214
著者紹介 215

# 第一章 基礎編

# 一　風水とは

風水というと、家相術として捉えられている方が多いと思いますが、本質的には大地の気を活用する少々スケールの大きな術のことです。もう少し具体的に説明すると、地球上に流れる「龍脈《りゅうみゃく》」といわれる大地の気のルート上にある「龍穴《りゅうけつ》」といわれるポイントを刺激して大地からの気を得る、というのが本来の風水です。

人間の体にも「経脈《けいみゃく》」という気の流れるルートがあり、その経脈上には「経穴《けいけつ》」、俗に「ツボ」と呼ばれるポイントが数多く存在し、そこを刺激すると身体に何らかの反応が出るのと同じです。鍼灸では経穴を針で刺激することを「点穴《てんけつ》」といいますが、風水では龍欠を探し出して、その場所を活用することを尋龍点穴《じんりゅうてんけつ》といいます。言い換えるならば、風水とは「大地の鍼灸術」といえます。対象が体なのか大地なのかという違いはありますが、点穴をするという意味においてはぴったりの表現ですね。余談ですが、ツボ刺激の効果と反応は世界保健機構（WHO）でも認められている立派な治療方法です。

龍穴の説明を少し話しておきましょう。龍穴はお墓を建てるため、すなわち「死者を埋葬」

するためのポイントになります。

　この龍穴を探すのには、修練を積んだ風水師が龍穴を追いかけ、数年を費やすと聞き及んでいます。要は、そうそう簡単に龍穴は存在していないということですね。ちなみに本物の龍穴は発見直後、太極図の模様が現れるとされています。

　大変な苦労の末、龍穴に墓を建て、死者を埋葬して初めて、埋葬された方の直系の子孫が幸運に恵まれる、というのが本来の龍穴の意味するところであり、本来の風水の在り方です。この風水を「陰宅風水」といいます。

　なので、よく「開運龍穴パワースポット巡り」等と集客しているのを見かけますが、先の内容を考えれば、龍穴に行くこと自体の意味は自ずとご理解いただけると思います。ただし、効果の感じ方は人それぞれですので、他の占術同様、真向否定はいたしませんが、ご興味のある方はお試しください、という感じでしょうか。

　本項の最後にお伝えしておきたい点が一つ。風水を魔法や、錬金術と勘違いされている方が多く見受けられますが、風水は決して魔法でも錬金術でもありません。使われる方の努力や才能を倍増してくれる効果はありますが、全く何もないところからお金が湧いてくることはありません。風水を食卓で例えるならば「ふりかけ」か「スパイス」です。基となる「ご飯」がしっかりとしていないとふりかけ等をかけてもおいしくはなりませんし、ふりかけだけではカロリーがないので人間の体を動かすエネルギーにならないのと全く同じです。風水の効果を得たいのならば、しっかりと学習し、労働し、努力を欠かさないことが重要なのです。

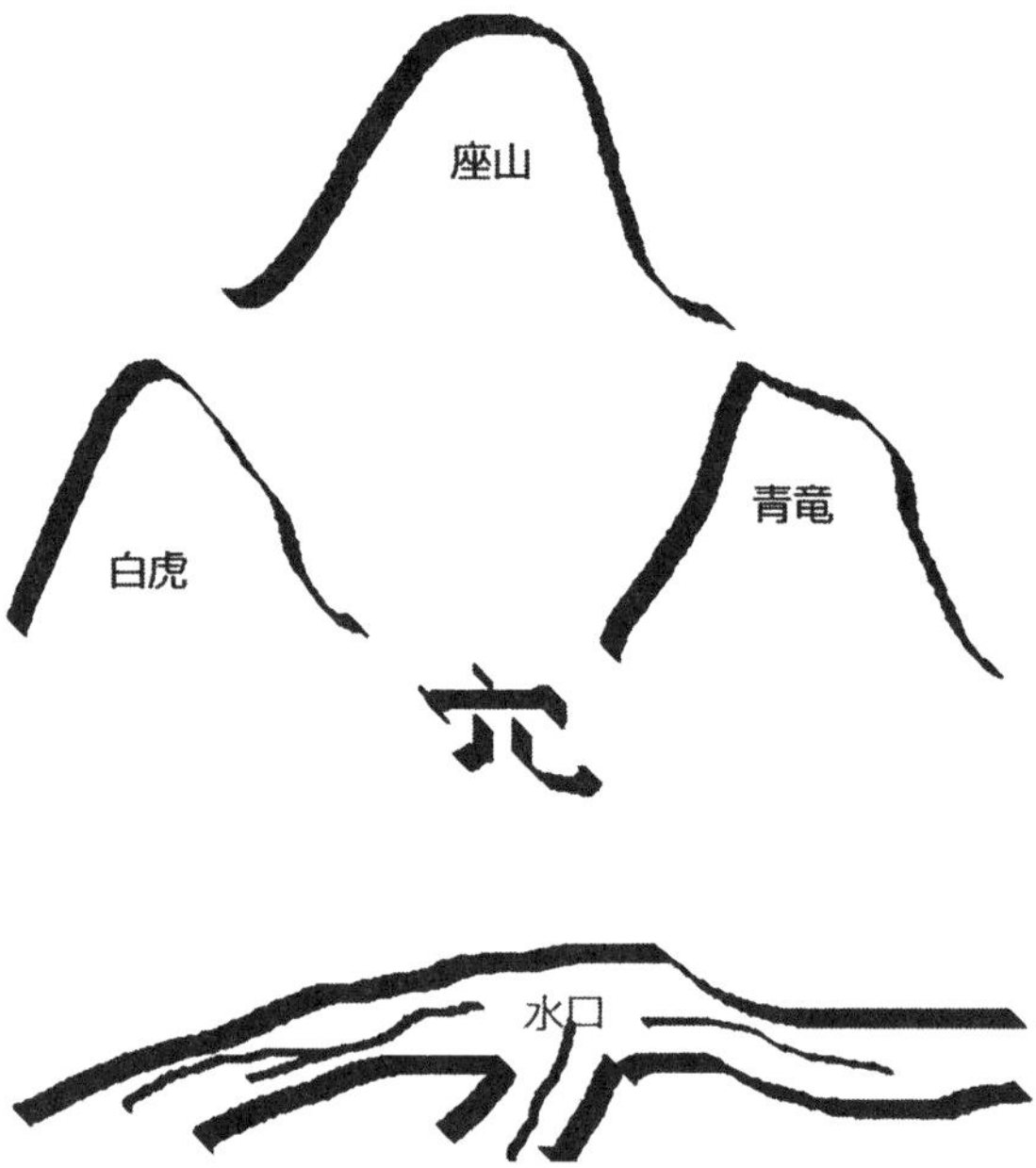

# 二　風水の種類

皆様がご存じの風水は概ねご自宅やオフィス等の家具等の配置や、何か置物をすることではないかと思いますが、これは「陽宅風水」に分類される方法の一つです。「陽宅」とは、実際に人が生きている間に住む家のことを指します。これとは逆に死んだ後の住まいである「お墓」を「隠宅」といい、それに対する風水を「隠宅風水」といいます。隠宅風水は、死者を風水上の好適地（龍穴）に埋葬することにより、その子孫に好影響を与えようという術です。しかし龍穴探しには数年かかるといわれており、実際、龍穴が見つかったとしても、今の日本では墓地、埋葬等に関する法律（昭和二十三年制定）が定められているので、容易にお墓を建てることができません。仮に建てられたとしても、その規模は私達が想像に及ばないくらい大きなものので、実現はかなり困難といわざるを得ません。私は、台湾で近代では最も著名な風水師の一人である曽子南という方が、実際風水を用いて建てられたお墓を幾つか見てきましたが、一番小さいものでも二百坪くらいの広さがあり、大きいものでは山一つが丸々お墓というレベルでした。中国明王朝の明十三陵は風水で建てられたお墓としては最も有名ですが、総面積は四十平方kmあります。これは東京都の江東区全体の面積とほぼ同じくらいですから、途方もない広さであることが分かります。日本では徳川家康の陵墓である日光東照宮がよい龍穴上に存在していて、徳川家を長年にわたって反映させたといわれていますが、ご存じの通り、その大きさは明十三陵には及ばないものの、山一つが丸々墓陵です。

陽宅風水は、この陰宅の吉相の概念を物理的に使用可能なサイズに落とし込んだもので、家のサイズに関係なく利用可能です。先ほど、風水は大地の鍼灸師という表現をしましたが、この陽宅風水も家の中のツボを刺激することで、滞っていた運や気を活性化させて、そこに住む方の運を何倍かにすることができます。

その他、都市を作る際などに用いられる「地理風水」と呼ばれるものがあります。日本では平安京はこの概念で作られたことで知られています。東京の発展は、偶然にも富士山を始めとした周囲の山々からの龍脈が幾重にも集まる、類稀なる地理風水上の好適地にあることが理由といわれています。

本書はこの「陽宅風水」を解説するものであり、この書中で風水と表記があった場合、陽宅風水のこととご理解ください。

## 三　風水と呼べる条件

風水というからには、満たさなければならない条件が幾つかあります。先ほど、風水は「陰宅風水の吉の概念を物理的に使用可能なサイズにしたもの」と申し上げた通り、自然の地形の吉相を家の中に疑似的に整えなければなりません。自然にある好適地とは「地理五訣」といわれる「龍穴《りゅうけつ》砂《さ》水《すい》向《こう》」が整っている場所となりますが、風水ではこの五訣の内、「穴」を除いた四条件を整える必要があります。

龍（龍脈）は私達が生活している場所では見つけることは困難で、特に都心部の住宅地では、先ず山の尾根が連なっているような条件を満たす場所は見つかりません。そのため、「水方」という概念を用いて、龍脈の代わりとします。水法とは「羅盤」と呼ばれる道具を使って、気の流れの来る方角と去っていく方角を正確に測定することで、龍山の代用とします。

穴は先述した通り、陰宅風水においての、お墓を建てる場所となりますので、原則として風水では穴を論じません。よく家の太極（中心のこと）を「龍穴」といっている人がいるようですが、太極は龍穴ではありませんし、人を埋める場所ではないので龍穴とは大きく異なります。

家全体をパワースポットに変えることが風水の目的なので、効果から考えると家全体が穴といえます。

風水を決める最大の要因は家の向きです。これを「向《こう》」といいます。分かり易くいうと玄関の向きのことなのですが、実際には玄関の向きが向ではないことも多々あり、「向を決められるようになったら一人前の風水師」といわれほど向を決めるのはとても難しいことです。向に関しては後程、詳しく書きます。ちなみに風水では入り口を重要視します。玄関や入口等風が入り込む部分は「気口」といいます。

「水《すい》」とは、風水では道路の交差点や、川が交わる等、幾つかの導線が重なるものを「水」といいます。陰宅や地理風水では実際の河川や海を水とします。向の先は低く、かつ水が必要です。水法の水（気の流れ）とは違いますので、ご注意ください。「砂《さ》」は家の周辺や家の中にある、山に当たる部分や眼に見える物、すべてのことを指します。何も置いていない地面等のスペースも砂です。砂法では周囲の建物の高低が家にどのような影響を与えるかを判断します。砂場の砂《すな》のことではないので、ご注意ください。とある流派では砂《さ》を砂《すな》と訳してしまったため、砂《すな》を家に置くということを行っていますが、中国伝来の風水では家の中に砂《すな》を置くことはありません。本来の砂の目的は、龍穴は風にさらされることを嫌うため、龍穴を風から守ることにあります。陽宅風水においても、砂の整った好立地に家を建てると風通しがよくない場合が多々あります。

砂の中で最も重要なのは、座山、青山、白虎の三つです。これが揃っていないと「理気」という風水上の気が作用しません。砂は巒頭ともいい、理気を双対となります。巒頭を体《たい》とした場合、理気は用《よう》となり、体と用が揃って、初めて風水の効果が得られます。

座山《ざざん》は向の１８０度対極にある一番高い砂のことです。座の方位には対象の建物から見て、一番高い砂がなければいけません。風水では家の外にある高い建物等を座山に見立てることができます。それがない場合は、室内に背の高い家具等を置いたりします。水は高い所から低い所に流れるのと同じで、高いものがないと風水の効果が大きく薄れます。この高低差が金運です。これが逆転していると上山下水といわれ凶相となる場合があります。

次に、座を背に、向を前に見て、左が青龍《せいりゅう》、右が白虎《びゃっこ》です。青龍と白虎は座山より小さくある必要があります。また、青龍は白虎より高くなければなりません。青龍は男性を、白虎は女性を表します。座山同様、青龍、白虎が屋外にない場合には、家の中に家具等で青龍と白虎の代わりを作ることがあります。敷地が広くお庭がある家の場合は、植樹をすることがあります。

青龍が白虎より低くなると運のバランスを崩し、その家の男性に問題が出ます。逆に、白虎が少なすぎると、その家の女性に問題が出ます。大体の目安ですが、座山十とした場合、青龍八、白虎六が適当です。

少々話が外れますが、風水は男性中心社会の古代中国で作られましたので、私の経験上、女性には風水の効きが弱いと感じています。しかし白虎がないと風水上の問題が出るので、女性の存在は欠かせないものであり、決して女性を軽視していないことが理解できます。

先日鑑定した物件は、白虎の方位の形が歪《いびつ》で、この家に入居した直後、奥様が交通事故に遭い、体の右側のほとんどを骨折されたそうです。本書の後に書かれておりますが、体の右側の損傷ということは、家の西側に問題がある場合がほとんどです。この物件の場合、西側が白虎方向でした。白虎が崩壊しているため、奥様が家を出てしまい離婚されておりました。結果として、その家のご主人は、家庭を失ってしまい運を落とされておりました。

四柱推命という占術では、財に関する星は妻という文字が財に付随し「妻財」といいます。良き妻を得て財を蓄えるという意識の表れです。また、女性の恋愛運や結婚運は「偏官」と星の位置で見ます。ここからも、男性が女性のために働いて養い、財を得るという考え方が見て取れます。昨今の日本では、この財に関するバランスが崩れてしまったため、経済の後退局面にあるように思えてなりません。少子化はその最たる結果といえるのではないでしょうか。

以上より、風水というからには対象物件に対して、気の流れと、座山、青龍、白虎という砂と、向の先に水の存在を論じていなければならないことがお分かりになったと思います。現在、流布している風水といっているもののほとんどに、この概念は見受けられません。地理的な条件を満たさない限り、風水グッズもほとんど効果が出ないのです。逆にいえば、何も物を置かずとも、龍向水砂が整っていれば風水の最大の効果が得られといえます。

四

# 巒頭と理気

風水の看法には「巒頭《らんとう》」と「理気《りき》」という二つの考え方があります。

巒頭とは、地形等の形成を見る方法で、土地の勢いや質を見る方法です。簡単にいうと目に見える物、すなわち砂から判断することです。

理気はそれと真逆で目に見えない大地や天からの力（気）のことを指します。具体的には、住宅に住む人の生年や家の向から理気盤を作成し、易や陰陽五行の理論で吉凶を判断するものです。

この二つの方法は別々に存在するものの、ワンセットで活用します。先述した通り、体と用です。つまり理気で家の中の気の質を判断し、巒頭を使って調整します。存在する物の形・材質・色、数量や重さと、時間の流れなど、その物質にかかるすべての事柄が理気にどういう作用を及ぼすかを判断しなければならないので、八卦や五行に関する正しい知識が求められます。

## 五　刑殺

これは巒頭上のことで砂法の一つになりますが、周囲の建物等が家に悪影響を与えるものをいいます。尖ったものや光るものは凶作用が出ます。このようなものが家から見える場合は、厚手のカーテンを掛けたり、八卦鏡という風水用の鏡を外に向けて悪い気を跳ね返したりする必要があります。しかし、目視できないものは影響いたしません。

刑殺があれば災いに遭いやすくなります。このような場合、八卦鏡、山海鎮、泰山石敢当、獣頭碑、五帝銭などの風水グッズを用います。基本的には、周囲から飛んでくる悪い気は鏡で跳ね返し、自身の建物にある場合は碑などを用いて化殺しますが、極力、そういうアイテムを使用しないで済む物件に入居してください。

以下に代表的な刑殺を示しますので、参考にしてください。

**闘門殺**《とうもんさつ》…向かいの家のドア同士が向かい合うもの。その家と争いが起こりやすくなります。

**隔角殺《かくかくさつ》**…玄関や窓に向かって他の建物の角があるもの。情緒不安定になるなど精神的な疾患を患いやすい。

**鎌刀殺《れんとうさつ》**…カーブした道路の外側に建物がある。精神疾患や突発的な事故などに遭いやすい。

**川字屋《かわじおく》**…道路に面して川の字になるように長方形の住居が三棟建っているもの。女性に影響しやすく、子宮に問題が出たり子宝に恵まれない。子供が事故や病気がちになる。

**穿心殺《せんしんさつ》**…玄関の真正面に電柱の様な形状のものが立っているもの。主人が苦労するか短命で、家族が病気がちになる。

**路冲殺《ろちゅうさつ》**…T字路に住居があり玄関に道路が垂直に向かっているもの。突然の事故や怪我に遭ったり、経済的な打撃がある。

**天斬殺《てんざんさつ》**…極端に高い二つの高い建物の隙間の正面にある低い建物。風邪や神経痛、リュウマチに罹りやすい。

**反弓直箭**《はんきゅうちょくせん》…建物に道路が弓を射る形で対峙しているもの。精神疾患や大病・大怪我などの災いに遭いやすい。化殺が効かない。

**露風殺**《ろふうさつ》…建物が周囲に比べて極端に高いもの。伝染病に罹りやすい。人間関係も孤立するなど問題が出やすい。周囲の人にも問題が出る場合がある。

**陰陽殺**《いんようさつ》…住居の門前に寺社仏閣等がある。寺社仏閣に訪れる人の邪気を浴びて平穏な生活が送れない。官公庁や病院なども同じ作用を及ぼす。

**廃墟殺**《はいきょさつ》…家の前に廃墟がある。病気に罹りやすい。ごみ処理場などの不浄な物件も同じ作用を及ぼす。

**孤立分屋殺**《こりつぶんおくさつ》…周囲に家がない一軒家に小屋がある。金運に影響を及ぼす。

**格子殺**…四方が真っすぐな道路で囲まれている。発展が阻害される。

**四神獣王殺**《しじんじゅうおうさつ》…住居の四方に入り口がある。家族に災難が絶えない。

**火形屋**《かけいおく》…住居が三角形のもの。身体と精神に問題が出やすい。

**亀背駝頭屋**《きはいだとうおく》…屋上に小屋（ペントハウス）がある。経済的に困窮する。

**四面天斬殺**《しめんてんざんさつ》…高い建物に四方囲まれている建物。精神不安になり、発展が阻害される。

その他、家の近くに枯れ木や落ち葉の多い樹木や、果樹等が沢山あると精神不安や家の運勢が衰退すると言われます。

反弓直箭《はんきゅうちょくせん》

門に向かって矢状の道が向かってきている。

天斬殺《てんざんさつ》

二つの高いビルに囲まれている。

路冲殺《ろちゅうさつ》

家に向かって道路が向かってきている。

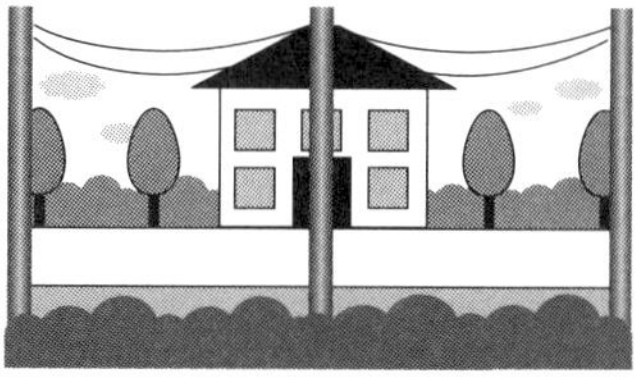

穿心殺《せんしんさつ》

門の前に棒状の物体がある。

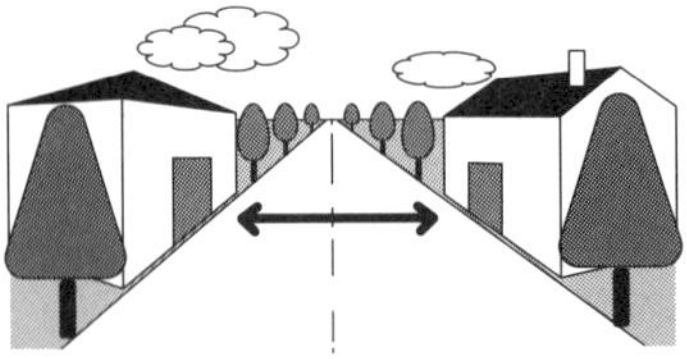

**闘門殺《とうもんさつ》**
向かいの家のドア同士が向かい合う。
その家と争いになりやすい。

**鎌刀殺《れんとうさつ》**
カーブの外に家がある。
災いに遭いやすい。

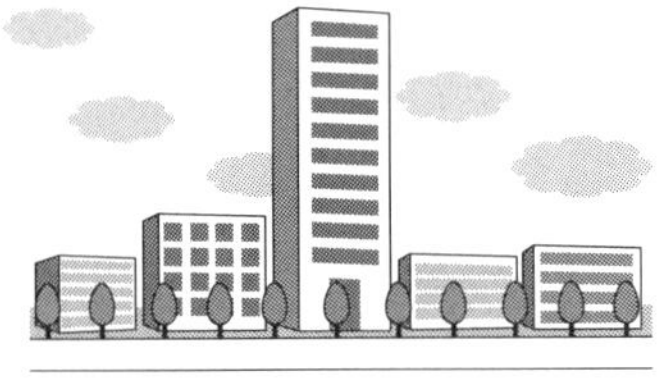

**露風殺《ろふうさつ》**
自分の家だけが、周囲に比べて極端に高い。

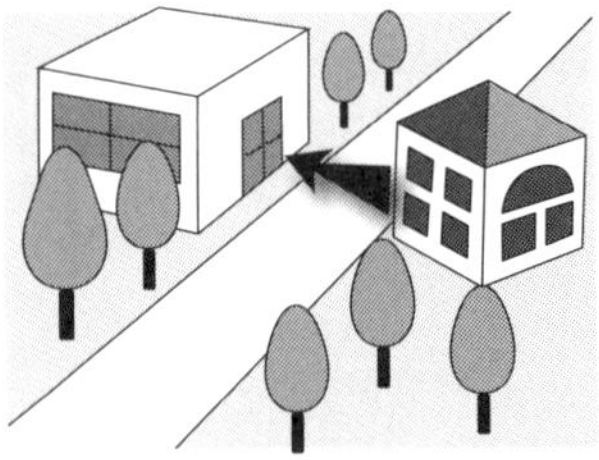

**隔角殺《かくかくさつ》**
門の前に鋭いものが向かってきている。
対象の家と争いになりやすい。

**川字屋《かわじおく》**
建て並んだ家のうち、一番右と左。
青龍、白虎の欠如。

# 六 川

川は巒頭上で最も注意しなければなりません。特に直線で水流が早く、水量が多い河川がある場合は、とても注意が必要です。

風水では川の流れが緩やかで曲線を持つものは良く、また川の流れの内側にあれば「有情」として良いということになっているのですが、私の経験上、川が家の近くにある場合、金運・家庭運・健康運といった家の運がすべて流されてしまっていました。日々の生活の中において凶運だけでなく、吉運もなくなってしまうと、身を守ってくれるものがないので、結果的に凶運にさらされます。

直接的に家の近くの川の有無だけでなく、その土地が昔どのように川が流れていたかも重要な要素となります。古地図が手に入るならば百年前の川の位置などを確認して、近くにある川が氾濫した場合でも水が来ない場所を選ばないといけません。家が直接川に面していることは言うに及ばず、氾濫した時に水が到達する部分までが川であると考えてください。

最も避けたいのは河原や土手がない上に、一級河川クラスの水量がある川がある場合です。

運という運がすべて流れてしまいます。加えて、曲線を描いている川の流れの外側は「無常」といって、さらに凶意が増します。

川が凶だと話すと、エジプト文明や黄河文明のように古代に川の流域が発展してきた例を出して反論される方がいらっしゃるのですが、河川絡みの文明発達は、水が様々な物資を運搬し、定期的に氾濫した水が肥沃な土を運んで農業が栄え、それに伴って氾濫しても水が到達しない安全なエリアに町が形成された結果、文明が発達するという仕組みです。洪水で命が脅かされる場所に人は居住していません。

また、くねった大河が良い水龍となるというのは国家や都市レベルに関してのことであります。大河の水龍は例え吉の状態で流れているとしても、個人宅や中小企業レベルだと処理できないくらいのパワーが押し寄せてしまうので「過ぎたれば及ばざるが如し」で返って凶となるのです。日本国内においては東京、大阪、名古屋、福岡などの主要都市は川の流れが最高の水龍として都市を発展させております。

現在の日本においては、土地が少ないため氾濫する、もしくは氾濫していたエリアに居住地を作られるケースが少なくないので、その注意が必要なのです。

# 七　五行論

風水を始め、中国の占術では概ね五行を使って気の調整をしたり、吉凶を判断したりします。五行の理解なしでは風水は使えませんので、後述する理論をしっかりと覚えてください。

五行は「木《もく》・火《か》・土《ど》・金《こん(きん)》・水《すい》」の五つの物質の名前で構成されております。あえて「物質の名前」と申し上げたのは、五行は物理的な物質のことを直接指してないからなのです。あくまで「気の一種」で、そのような作用を促すもの、あるいは、そういう性質のことであって、物質そのものではないということをご理解ください。

とはいうものの、風水の処置においては、例えば五行金が必要な場合は金属を使ったり、五行水の気を漏らすのに木製品や観葉植物を使ったりします。そういう側面から五行は元素＝物質と思われがちですが、前述した通り、本質的には気やエネルギーのことであるとご理解ください。

初めて学ばれる方にはまだ難しいでしょうが、あえて少し専門的にいうと、五行の本来の意味は、陰陽の変化の過程の五種類の動態を包括的に借りたものなのです。分かり易くいうと、例えば「上に伸びる性質、細長い」という動態は木の育成や形状が当てはまります。なので、五行木には、そのような意味が含まれるのです。
そのようにして、そこから導かれる五行のそれぞれの意味は以下の通りとなります。

水（侵湿を表す）
木（成長を表す）
火（破滅を表す）
土（融合を表す）
金（収束を表す）

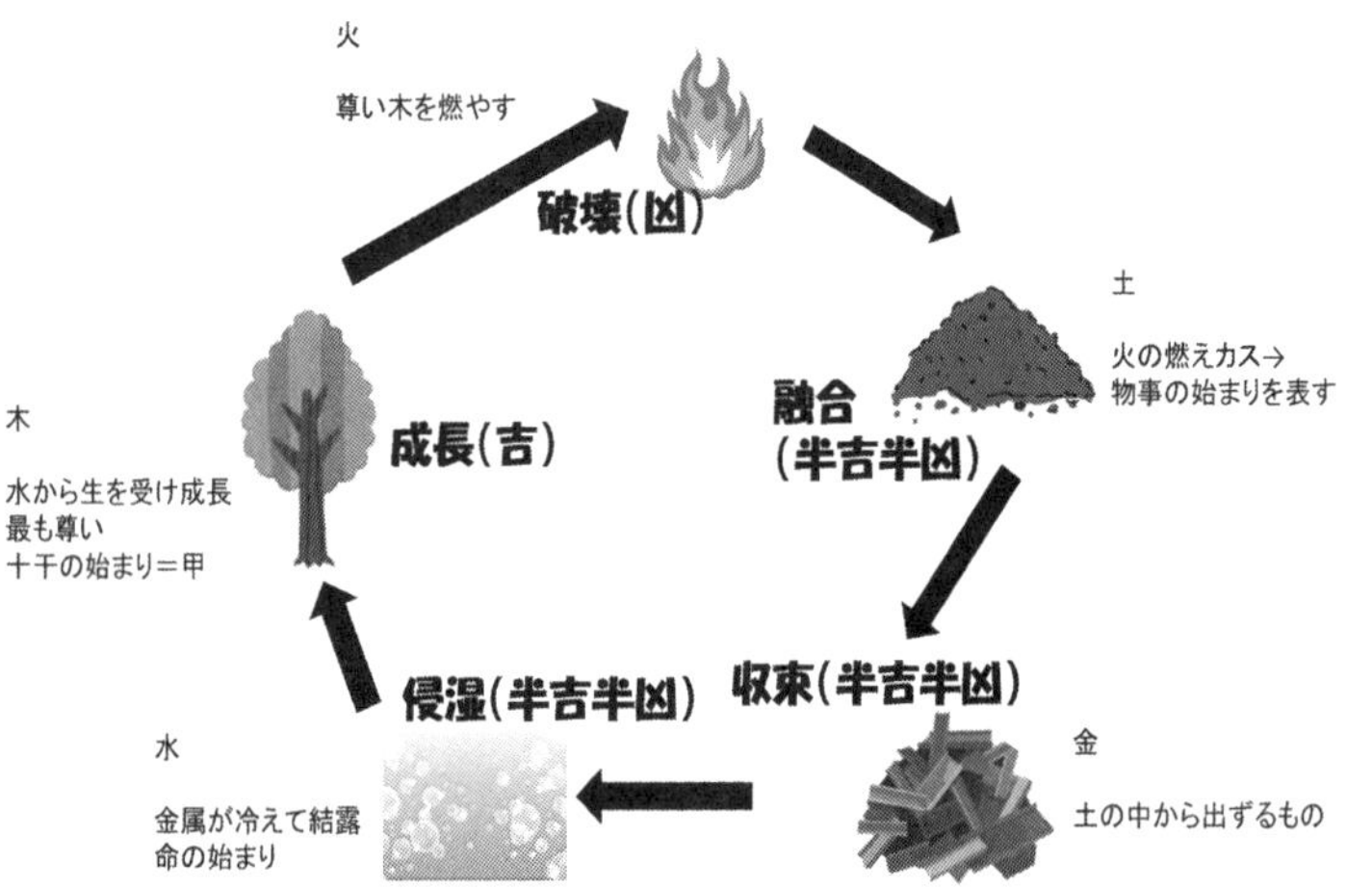

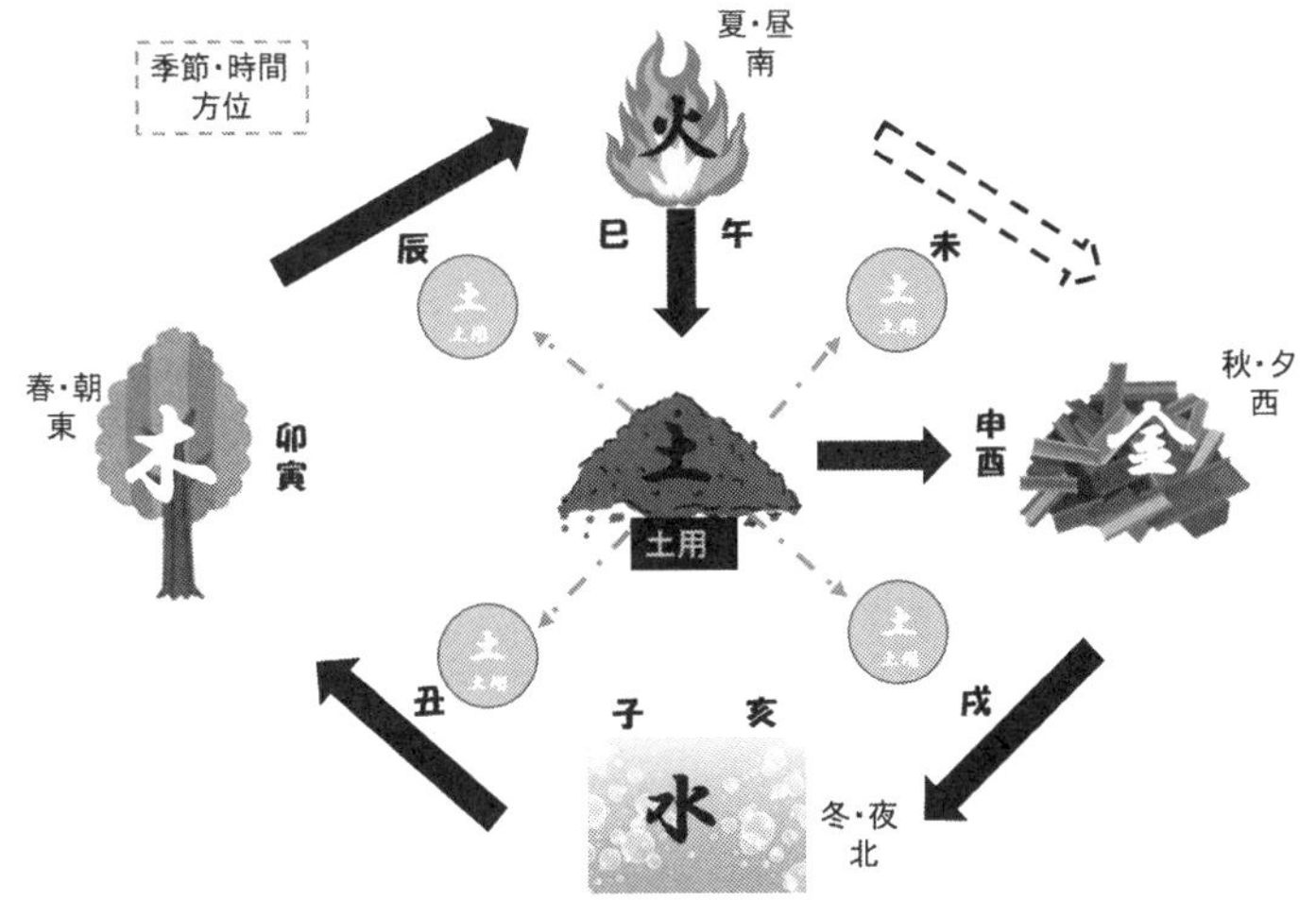


占術を行う時は特に優劣は考えませんが、五行の根本的な考え方としては以下の通りです。木が最も珍重され、木を生じる水は吉、木を消失させてしまう「火」は破滅で凶、金は収束で終わりと捉えれば凶、水を生成し始まりとすれば吉と、吉凶の両方を持ちます。土は融合で、金属を生み出すための材質とすれば吉、木の燃えカスと捉えれば凶、となり吉凶の両方を持ちます。

後の章で説明する八宅の八遊星の吉凶もここから導き出されます。

生気（木）大吉
伏位（木）吉
五鬼（火）大凶
天医（土）大吉
禍害（湅土）大凶
延年（金）大吉
絶命（金）大凶
六殺（水）小凶…使い方によっては吉

先の図では、土は季節を持たない位置に書かれておりますが、土は土用という季節の中間の時期を担っています。土が融合というのは木火金水のそれぞれの中間という意味合いをよく示した言葉で、季節の代わり目に雨が降りやすい「湿」という自然の象意を表しております。土は色々な不純物を沢山含んでいるから色々なものに融合できる、生み出すことができるともいえます。土は水の燃えカスから生まれ、金属を生み出し、水を貯え、最終的に木に蓄えた水と養分を提供します。なので図にある通り五行土は中心に位置しているのです。

その他、五行と季節と五情の関係性も五行の性質をよく表しています。

| 五行 | 木 | 火 | 土 | 金 | 水 |
|---|---|---|---|---|---|
| 五方 | 東 | 南 | 中央 | 西 | 北 |
| 五気 | 風 | 暑 | 湿 | 燥 | 寒 |
| 五季 | 春 | 夏 | 長夏 | 秋 | 冬 |
| 五腑 | 胆 | 小腸 | 胃 | 大腸 | 膀胱 |
| 五臓 | 肝 | 心 | 脾 | 肺 | 腎 |
| 五色 | 青 | 赤 | 黄 | 白 | 黒 |
| 五果 | 李 | 杏 | 棗 | 桃 | 栗 |
| 五穀 | 麦 | 黍 | 稷 | 稲 | 豆 |
| 五蓄 | 鶏 | 羊 | 牛 | 犬 | 豚 |
| 五液 | 涙 | 汗 | 涎 | 涕 | 唾 |
| 五声 | 呼 | 笑 | 歌 | 哭 | 呻 |
| 五志 | 怒 | 喜 | 思 | 憂 | 恐 |
| 五味 | 酸 | 苦 | 甘 | 辛 | 鹹 |
| 五主 | 筋 | 血脈 | 肌肉 | 皮毛 | 骨髄 |
| 五官 | 目 | 舌 | 口 | 鼻 | 耳 |
| 五華 | 爪 | 面色 | 唇 | 毛 | 髪 |
| 五役 | 色 | 臭 | 味 | 声 | 液 |

**春**

（木）は年度の始まりということもあり不安から「怒」の感情が起きやすいものです。昨今の日本ではスギ花粉等が飛ぶのでさらに怒りやすくなっていますね。

**夏**（火）は春の時期から時間が経ち、不安も解消されてきて怒りが解けてきます。暖かくなるので、人は楽しい気分になり羽目を外します。なので「喜」が該当します。この時期、お祭り等が多いのも、そういう気分からなのです。

**秋**（金）は夏に羽目を外した反動で色々と思い悩みます。楽しかった時を思い出し「哀」という気分になります。

**冬**（水）は夜が長くなるので「恐」という感情が芽生えます。五行論が生み出された四千年前は、今と違って電気灯り等ありませんでしたし、暖房設備も今のように暖かくなかったので「寒い」ということは死と直結したので「恐」は頷けます。

五情と五臓も関係性が直結しています。
怒ると肝臓に負担をかけます。また肝臓がよくないと怒りっぽくなります。
楽しいと心臓がドキドキします。楽しくなりすぎて失神したりもしますね。これは五行火が「頭」を意味するからです。

哀しくなると泣いて呼吸器に負担をかけますし、乾燥して肌が痛みます。肺というものには、皮膚呼吸も含まれますので、皮膚、肌も肺に含まれます。

寒くなると冷えてお手洗いが近くなり、「腎臓」に負担をかけます。中国では人間は腎臓から生成されると考えられており、腎臓の気の量が寿命ともいわれています。そういう意味から五行水に先天、後天のどちらも数字の「一」が割り振られていることが分かります。

水の五情「恐」は恐かったり、驚いたりすると、腎臓の気が抜けて、腎臓に近い関節、すなわち腰の力が入らず、腰が抜けるという現象が起こるものと考えられています。怖すぎて失禁するのも、ここからです。

五行土は脾臓となっておりますが、脾臓・胆嚢など消化液を出す部分のすべてが土で、大体、体の真ん中の辺りです。五情では「思」が当てはまります。悩むと胃が痛い、また土は中心を表すので、というのと関連します。

このように五行は我々を取り巻くものと密接な関連性を持っております。この概念は、この先、中国占術を学んでいく上でとても重要なことなので、本書の表を見ながら、しっかりと理解し記憶してください。

八

# 五行の相生と相剋

五行の本質を多少ご理解いただいたところで、風水を始めとして中国占術で用いる一般的な五行の相生相克をご説明します。

図をご覧になっていただくと分かる通り、五行はループし、それぞれの役目を担います。

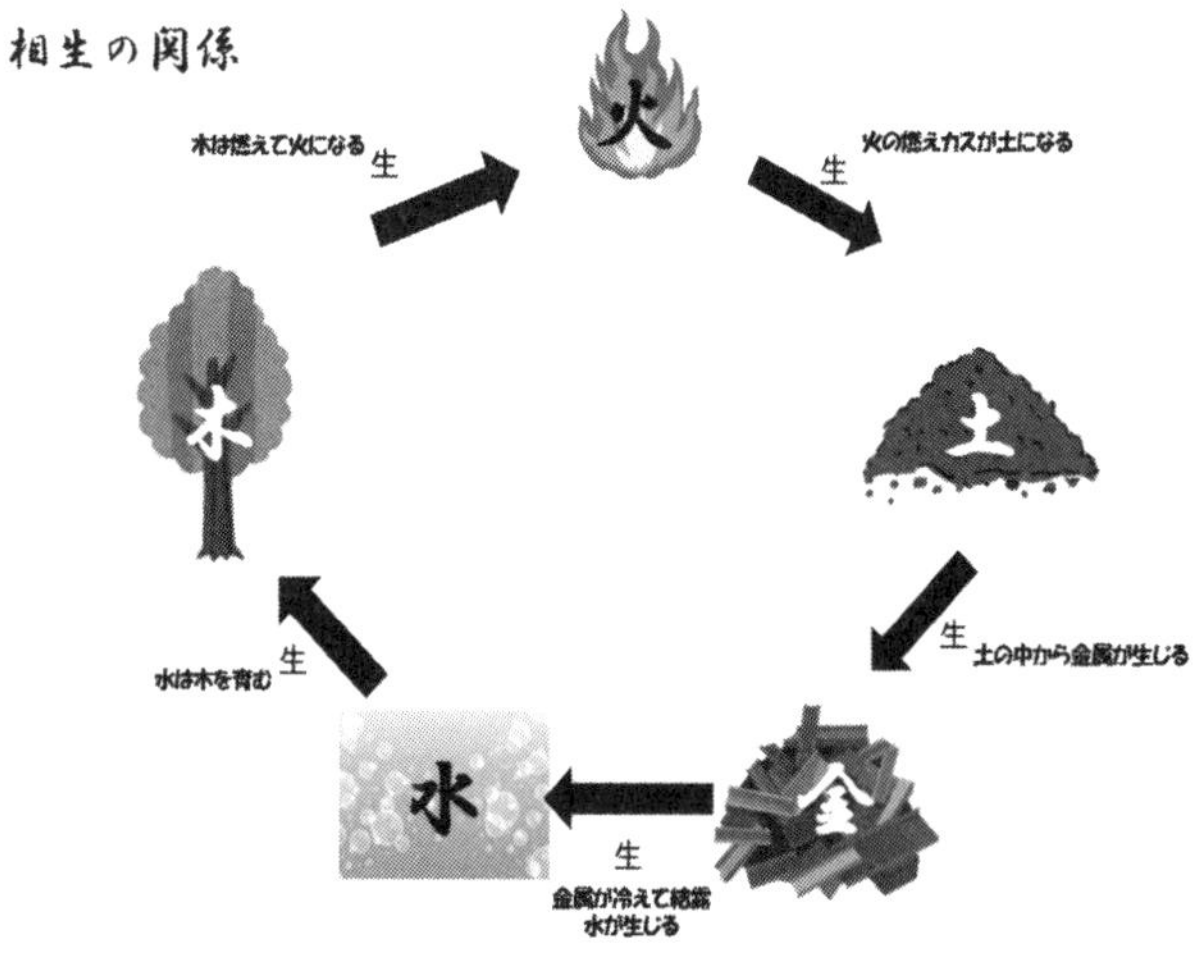
相生の関係
火
土
金
水
木
木は燃えて火になる
生
火の燃えカスが土になる
生
土の中から金属が生じる
生
金属が冷えて結露
水が生じる
生
水は木を育む
生

「木」が燃えると「火」を生じます。
「火」が燃えると「土」が生じます。
「土」の中からは鉱物「金」が発生します。
「金」金属が冷え結露し「水」が生じます。
「水」は「木」を潤し養います。

この関係を相生《そうしょう》といいます。相生の関係は「生じる」といい、次の五行の作用を強めます。この関係を応用すると前の五行の力を弱めることができます。これを風水では「漏らす」といいます。

「火」があると「木」が弱まります。
「土」があると「火」が弱まります。
「金」があると「土」が弱まります。
「水」があると「金」が弱まります。
「木」があると「水」が弱まります。

## 相剋《そうこく》とは

「木」は「土」の養分を吸い取る。
「火」は「金（属）」を溶かす。
「土」は「水」の堰き止める。
「金」は「木」を傷つける、切る。
「水」は「火」を消す。

というように、攻撃の関係をいいます。

風水において相生は喜びますが、剋は極めて嫌い、剋がある所は必ずといっていいほど凶意が増します。なので、ある特定の五行を弱める場合は剋さず、漏らさなければなりません。

相生相剋は十通りしかない簡単なことなのでしっかりと理解し記憶してください。

相剋の関係
火は金属を溶かす
火
木
木は土の養分を奪う
土
土は水を堰き止める
剋
水
水は火を消す
金
金属は木を切る

## 九　相生相剋の実際

前項では基本的な相生相剋の理論を理解しましたが、ここでは実際の力関係を説明します。木にとって水は吉となりますが、木から見て水が多過ぎる場合は、根腐れしてしまうので木は死んでしまいます。この場合の水は生ではなく剋となります。

火の量に対して木が多過ぎると途中で火は立ち消えしてしまいます。火に対して木が一度に多く到来するのは剋になります。

火の勢いが強過ぎると土は涸れてしまい焦土となり、金属を生成することができなくなります。やはり剋になります。

土の量が多過ぎたら金属は地表に出て金属本来の活躍ができません。剋になります。

金属が多過ぎると金属が冷え切らず結露せず水が生成されません。この場合も剋となります。

このように生じて現象を起こすには、適切な供給量が必要で、供給過多となる場合は、生じられる五行は剋を受けることと同等になりますので、実際の鑑定においてはバランスの見極めが必要です。

次に、相剋ではあるが凶になり得ないものをご紹介します。

木にとって金は剋ですが、巨木に対して弱弱しい金属では切り倒すことができません。この場合、剋であっても凶は恐れるものではありません。

火は水を嫌いますが、業火であった場合、少量の水では一瞬にして蒸発してしまうので、焼け石に水の例えの如く、その水は火を弱めることができません。この場合も凶を恐れるものではありません。

土は木を嫌いますが、土の量が多くて硬い土の場合、木が小さく弱かったら、木は根を張ることができません。この場合も凶を恐れるものではありません。

金は火を嫌いますが、金属の量が多く硬い場合、少々の火では金属を溶かすことはできません。この場合も凶を恐れません。

水は土を嫌いますが、水の量が多く流れが強い場合、多少の土では水を堰き止めることができません。この場合も凶を恐れるものではありません。

このように一般的に「剋＝凶」の関係であっても「量と力」の関係で凶とならない（効かない）場合があります。

五行の生剋ですが象状が出るまでの時間の差があることも留意すべきです。

最も早く効果が出るのは、木→火の関係です。火は早く燃え上がりますが、木の量が少ないと効果は早く消滅してしまいます。最も遅いのは土→金です。土から金属が生成されるまでには、かなりの年月が必要です。しかし、じわじわ効いてくるという面から考えますと、効果が長続きするともいえます。火→土、金→水、水→木はその中間くらいです。

## 十　五行と形

風水の処置をするに当たり形が五行の生剋関係に作用する場合がありますので、注意が必要です。

木は細長い、ストロー型のもの。電柱や煙突は五行木となります。

火は尖ったもの、三角形のもの。東京タワーやスカイツリーのような塔は五行火になります。

土は四角いもの。四角いビルやマンションは五行土ですが、細長いタワーマンションは五行木の作用をする可能性もあります。

金は丸いもの、硬いもの。丸い建築物の代表としては貯水タンク等があります。

水は波型のもの。こちらもあまり見られません。浅草にあるアサヒビールの屋上のオブジェはまさしく五行水となります。

建物では球体や波型は少ないですが、家の中に目をやると、丸い物や波型のものはかなり多く存在します。意外と形状が材質（木・土・金製）に関わらず風水的に作用することがありますので、こちらもしっかり理解し記憶しておいてください。

余談なのですが、東京タワーやスカイツリーの吉凶に関しては賛否両論で、それらは象徴であり、人々から良い感情が集まっているので吉であるとか、やはり五行火の作用があり、見える方位によっては凶作用を及ぼすという方と両方存在します。私は後者派です。

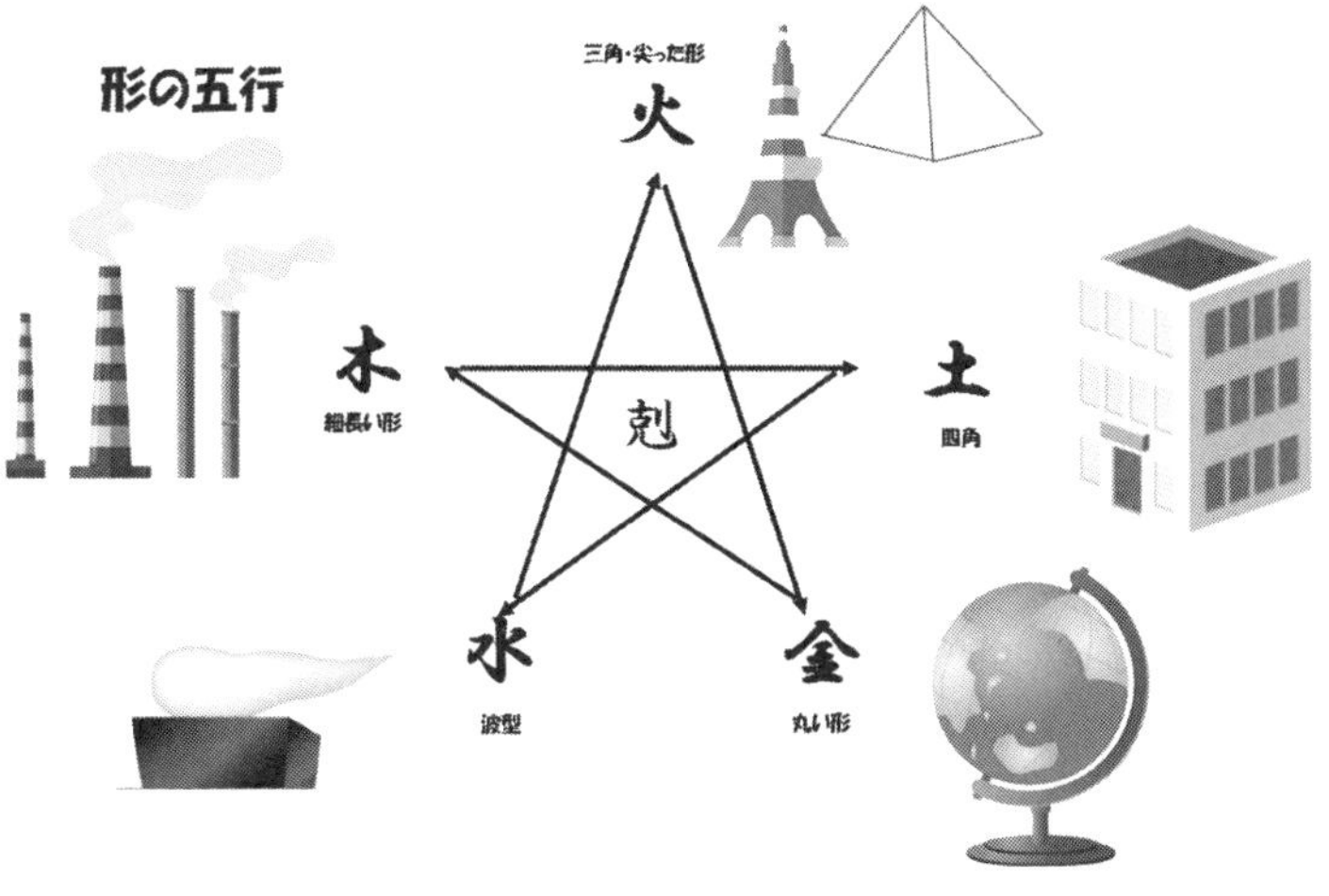

| 八卦 | 方位 | 数 | 色 | 五行 | 象意 | 内容 |
| --- | --- | --- | --- | --- | --- | --- |
| 離 | 南 | 9 | 赤 | 火 | 象意 | 火、火事、消防車、赤、明るい、熱いもの、美しいもの、華やかなもの、美容、学問、知恵、知性、聡明、発見、離婚、辞退、脱退、切断、手術、書籍、絵画、免許、設計図、契約書、争い、戦争、紛争、激しい、裁判、光・輝き、名声、名誉、行政、高級品、美術、華美、飾る、虚栄、先見、勘、視力、察する、発見、検査、確認、印鑑、手形、証券、書類、学問、知能、知識、教育、宗教、火、火事、表、表面化、発覚、喧嘩、法律、紛争、軽蔑、離別、嫉妬、浮気、再会、繁華街、熱、消毒、医療、尖ったもの、酒、煙草、薬、麻薬、油、反射、鏡、ガラス、写真、眼鏡、出版、印刷、怒り、勘違い、濡れ衣 |
| | | | | | 場所 | 化粧品店、アクセサリー店、美容院、書籍、文具店、映画館、図書館、博物館、劇場、教会、学校、火事場、裁判所、警察署、繁華街、火山 |
| | | | | | 人物 | 中年の女性、美人、モデル、ダンサー、俳優、有名人、知識人、学者、占い師、美容家、デザイナー、スタイリスト、ヘアメイクアーティスト、芸術家、消防士、警察官、眼科医、教員、大学教授、書店員、小説家、新聞記者、ライター、測量技師役人、芸能人、有名人教師、宗教家、警察、医師 |
| | | | | | 身体 | 血液、血管、目、心臓、頭部、顔面、黒目 |
| | | | | | 病気 | 腰痛、リュウマチ、関節炎、神経痛、疲労、背中、脊髄に関する病気 |
| 艮 | 北東 | 8 | 黄 | 土 | 象意 | 高くそびえ立ったもの、石垣、停止、中止、打ち切り、戻す、返す、断られる、留まる、突き当り、行き止まり、閉店、満了、終始、転職、移転、転校、開始、開業、復活、再起、出発、始める、出直し、やり直し、切り替え、交換、交代、改造、改革、引き継ぐ、思案中、相続、蓄財、貯金、寄り集まる、重なる、繋がる、連結したもの、不動産、止まる、変化、繋ぐ、境界、停滞、中止、断絶、引退再生、変化、変革、暴欲、執着、改良、打開、節目、境界線、継ぎ目、接続、連結、蓄積、預貯金、財産、建物、建設業、宿、宿泊、坂、交差点、曲がり角、衝突、転倒、転落、拘束、禁固、収納、梯子、けち、怨恨、強引、解雇、倒産 |
| | | | | | 場所 | ホテル、旅館、休憩所、アパート、ロープウェイ、ケーブルカー、牛肉店、山、丘、土手、堤防、国境、門、倉庫、階段、2両以上繋がった電車、列車、行き止まりの家、突き当りの家、神社、仏閣、橋 |
| | | | | | 人物 | 兄弟、子供、家族、親子、相続人、太った人、長身な人、大柄な人、不精な人、強欲な人、山や土に関係する人、山手の僧、不動産業の人、駅員、ホテルに関係する人、相続人、お金持ちなど友人、知人、親戚縁者、少男、末男、親子、養子、後継者 |
| | | | | | 身体 | 血液、血管、目、心臓、頭部、顔面、精神、膜、関節、耳鼻、腰、左足 |
| | | | | | 病気 | 腰痛、リュウマチ、関節炎、神経痛、疲労、背中、脊髄に関する病気 |

| 八卦 | 方位 | 数 | 色 | 五行 | 象意 | 内容 |
|---|---|---|---|---|---|---|
| 兌 | 西 | 7 | 白 | 金 | 象意 | 秋、夕日、低地、実り、喜び、飲食、金銭、紙幣、利息、預ける、散財、不足、不十分、不注意、欠陥、破損、手落ち、引退、歌う、笑う、口に関すること、口論、恋愛、交際、金（ゴールド）、刃物、冷気、欠ける、不足、秋、湿気、穏やか、清潔、会話、愛想、愛嬌、異性、魅惑、誘惑、親愛、引退、背反、飲食、香辛料、愉悦、喜び、宴会、遊興、社交性、娯楽、趣味、レジャー、金品、金融、両替、借金、金具、金物、金属製品、浪費、贅沢、金欠、つげ口、うっかり、不潔、引っ込み思案 |
| | | | | | 場所 | 飲食店、喫茶・カフェ、講演会場、コンサートホール、結婚式場、水たまり、井戸、貯蔵庫、造船所、湿地帯、銀行、質屋、消費者金融、沢、沼 |
| | | | | | 人物 | 少女、芸者、ホステス、飲食業、金融業、アナウンサー、歌手、司会者、講演家歯科医、水商売、接客係、販売員、歌手、芸人、少女、末娘 |
| | | | | | 身体 | 口、歯、耳鼻咽喉、呼吸器、女性器、皮膚、唇、右肺 |
| | | | | | 病気 | 呼吸器疾患、口内疾患、虫歯、口、皮膚病、口内炎、腎臓病、透析 |
| 乾 | 北東 | 6 | 白 | 金 | 象意 | 天、太陽、最高、完全無欠、高級なもの、高いもの、一流、円形、尊い、喜ぶ、自尊心、実力、大きい、動く、自動車、神仏、宗教、政府天、神仏、宗教、権威、権力、威厳、堅固、独立、広大、大事業、気力、決断力、丸、円、回転、歯車、機械、二輪車、幼児、スポーツ、鉱山、鉱物、岩、石、金属、宝石、貴金属、株 |
| | | | | | 場所 | 皇居、神社、仏閣、各所旧跡、教会、高級住宅地、高層ビル、高級ホテル、一流料理店、学校、劇場、競技場、運動場、野球場、国会議事堂、博覧会会場、山岳、役所、大企業、大病院 |
| | | | | | 人物 | 天皇、聖人、賢人、大統領、独裁者、首相、会長、社長、一流人、父、夫、経営者、資本家、オーナー、監督、指導者、リーダー、政治家、軍人、首長、役人、上司、首長、指導者、年長者、高貴な人、後援者、投資家、先祖 |
| | | | | | 身体 | 頭部、心臓、脳、左肺、卵巣、睾丸 |
| | | | | | 病気 | 右足の怪我 |

| 八卦 | 方位 | 数 | 色 | 五行 | 象意 | 内容 |
|---|---|---|---|---|---|---|
| 巽 | 南東 | 4 | 緑 | 木 | 象意 | 風、信用、物事が整う、整理、友情、世話、交際、旅行、飛ぶ、飛行機、鳥、通信、流行、結婚、婚約、成立、商売、長いもの、迷う、行き違い、木材、インターネット、凧、遠方、来客、信用、評判、近隣、世間、繁栄、商談、縁、縁談、交際、結婚、整える、整理、調和、修理、気配り、常識、長い、長引く、繊維、織物、外国、旅行、往来、就職、通信、郵便、通販、木製品、調理、愛嬌、居候、気体、匂い、香り、呼吸、迷い、不縁、無愛想、不器用 |
| | | | | | 場所 | 家具屋、飛行場、線路、通路、神社、そば屋、うどん屋、ラーメン屋、道路、郵便局 |
| | | | | | 人物 | 長女、中年の女性、外交官、通信、交通、旅行、航空関連業、家具屋、材木屋、運送業の人、旅人、商売、外国人、若い女性、女性従業員 |
| | | | | | 身体 | 腸、食道、神経、髪の毛、股、動脈、筋、腸、呼吸器、血管、二の腕、左手、太もも |
| | | | | | 病気 | 風邪、呼吸器疾患、花粉症、伝染病 |
| 震 | 東 | 3 | 緑 | 木 | 象意 | 音、雷、太鼓、電気、火薬、躍動、前進、驚き、激しい、騒々しい、短気、草木、発芽、日の出、新しいもの、初めてのもの、物事のスタート、進出、スピード、希望、発展、伸びる、声、嘘、振動、地震、雷、電気、爆発、火事、朝、陽気、積極的、活発、活気、活力、成長、迅速、躍進、希望、将来、発育、声、音楽、騒音、発言、発表、宣伝、声あって形なし、単刀直入、傷、出血、直情、節度、草木、酢、青野菜、急ぐ、急激、驚く、嘘、噂、詐欺、焦り、小言、叱る、苛立ち |
| | | | | | 場所 | 音に関連する場所 |
| | | | | | 人物 | 長男、音楽家、歌手、楽器屋、電気屋、電話局員、アナウンサー、放送局の人、声優、講演者、寿司職人 |
| | | | | | 身体 | 肝臓、舌、咽喉、神経、爪、毛髪、筋肉、腱、脛、腕、声帯、神経、左肋骨、膝から下の足、左足 |
| | | | | | 病気 | 肝臓病、ヒステリー、神経痛、喘息、リュウマチ、のど、足の病気、神経症、神経痛、痙攣 |

| 八卦 | 方位 | 数 | 色 | 五行 | 象意 | 内容 |
|---|---|---|---|---|---|---|
| 坤 | 南西 | 2 | 黄 | 土 | 象意 | 農業、庶民、大衆、勤勉、努力、堅実、寛容、従順、資本、慎む、育てる、静か、甘いもの、駄菓子、古い、伝統、民芸、骨董品、土、砂、大地、平地、平凡、古物、無、曇天、無私、親切、奉仕、労働、仕事、勤勉、忍耐、田舎、農業、疲労、日常、日用品、慣例、習慣、粉類、甘い、就職、下請け、補佐、従順、庶民、土台、床、歩行、不動産、生存欲、遅鈍、お節介、無神経、甘ったれ、親ばか、ものぐさ、解雇、餓死 |
| | | | | | 場所 | 病院、助産院、産科、葬儀屋、駄菓子屋、大衆食堂、ファミリーレストラン、大地、平らな土地、田畑 |
| | | | | | 人物 | 農業、林業、畜産業、不動産業、土木建築業、保母、母、夫人、女房役、副社長、産科医、労働者、作業員、製粉業、陶器屋、家族、部下、従業員、妻 |
| | | | | | 身体 | 胃、腸、腹部、腹膜、血液、皮膚、手首、足首から先、右手、消化器 |
| | | | | | 病気 | 胃腸炎、腹膜炎、痔 |
| 坎 | 北 | 1 | 黒 | 水 | 象意 | 水、雨、霜、霧、露、液体、水に関する場所、人、万物の始め、穴、裏、隠す、暗い、寒い、冬、秘密、影、密会、苦労、病気、セックス、ギャンブル、流れる、沈没する、濡れる、考える、思う、悩む、眠る、欠乏、貧乏、豪雨、水害、川、池、湖沼、霜、霧、雹、魚、水生生物、液体、地下水、秘密、裏、冷え、寒冷、真夜中、睡眠、愛情、恋愛、交際、作胎、性交、性欲、妊娠、不明、取引、流通、始まり、独立、仲介、魅力、思念、冷静、記憶、孤独、病気、行方不明、不倫 |
| | | | | | 場所 | 居酒屋、スナック、飲食店、海、湖、温泉、銭湯、プール、水族館、地下室、洞窟、葬儀場、トンネル、個人病院ガソリンスタンド |
| | | | | | 人物 | 中年の男性、病人、印刷業、クリーニングなど液体に関する人、水商売、風俗業、漁師、書道家、印刷業、秘書、探偵、刑事、中間職、仲介 |
| | | | | | 身体 | 腎臓、脾臓、膀胱、尿道、血液、肛門、生殖器、唾液、汗、鼻孔、血液、乳房、生殖器、白目、腫物 |
| | | | | | 病気 | 腎臓病、アルコール依存症、痔、性病、ノイローゼ、うつ病、循環不良、冷え性、不眠症、性病、白内障 |

## 十一　八卦

八卦や易に関しては中国占術の源であり、易学はそれだけで一つの学問でありますので、この解説となると膨大な量となりますし、実際のところ、私もまだ易と八卦に関しては勉強中、研究中であり、深く論ずることはできません。よって本書に関しては私が説明し得る範囲でかつ、皆様が実際に活用できるものをご紹介させていただきます。

八卦は陰と陽に分けられます。しかし、すべてにおいて陰陽の二つでなくその中間のものも幾つも存在します。例えば夜（陰）昼（陽）その中間には朝と夕方、つまり陰でも陽を含むものもあり、陽でも陰を含む者が存在します。これを陽の陽、陽の陰、陰の陽、陰の陰として、「四象」と呼びます。

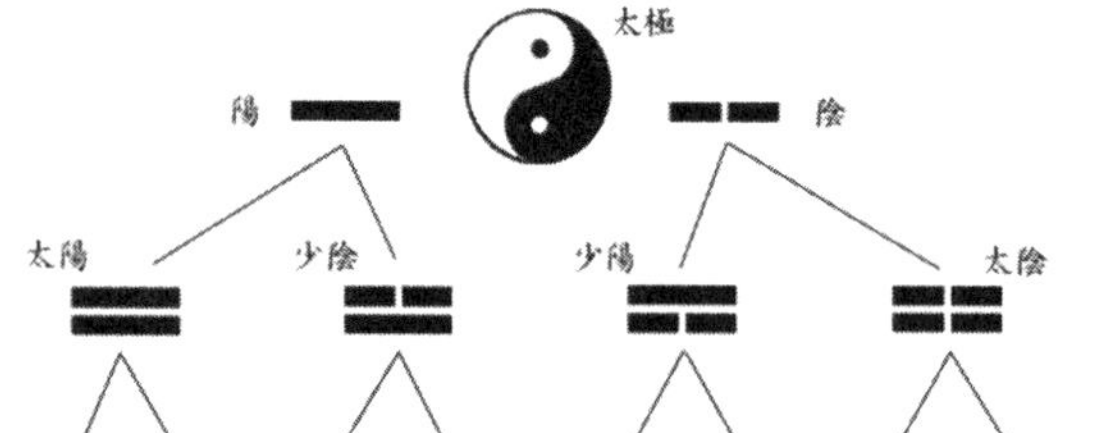

図をご覧の通り、陽の卦は初爻（一番下の線）がすべて欠け無しの一直線、逆に陰の卦は初爻がすべて欠け有りの線となっています。

そこから生成された卦は順に「乾《けん》・兌《だ》・離《り》・震《しん》・巽《そん》・坎《かん》・艮《ごん》・坤《こん》」となります。乾は天、兌は沢、離は火、震は雷、巽は風、坎は水、艮は山、坤は地とも呼ばれます。また、それぞれに世代別の男女があてがわれており、図のようになります。

八卦には先天と後天と二つの定位が存在します。先天はそれぞれ同世代の男女が対面に定位し安定を表していいます。後天は乾～震までの北方が男性で陽、巽～兌までの南方が女性で陰として、動を表しています。

| 八卦 | 陰陽 | 番号 | | 性別 | 五行 |
|---|---|---|---|---|---|
| | | 先天 | 後天 | | |
| 乾 | 陽 | 1 | 6 | 老男 | 金 |
| 兌 | 陽 | 2 | 7 | 小女 | 金 |
| 離 | 陽 | 3 | 9 | 中女 | 火 |
| 震 | 陽 | 4 | 3 | 長男 | 木 |
| 巽 | 陰 | 5 | 4 | 長女 | 木 |
| 坎 | 陰 | 6 | 1 | 中男 | 水 |
| 艮 | 陰 | 7 | 8 | 小男 | 土 |
| 坤 | 陰 | 8 | 2 | 老女 | 土 |

この九分割されたものは「九宮」と呼ばれ、とても重要な部分です。必ずこの八卦を先天、後天とも覚えてください。またこの九宮は先天、後天に関わらず方位を意味します。

先天位

| | | | | |
|---|---|---|---|---|
| | 兌 | 乾 | 巽 | |
| 陽 | 離 | | 坎 | 陰 |
| | 震 | 坤 | 艮 | |

後天位

| | | |
|---|---|---|
| 巽 | 離 | 坤 |
| 震 | 中宮 | 兌 |
| 艮 | 坎 | 乾 |

先天位

| | | | | |
|---|---|---|---|---|
| | 小女 | 老男 | 長女 | |
| 陽 | 中女 | | 中男 | 陰 |
| | 長男 | 老女 | 小男 | |

後天位

| | | |
|---|---|---|
| 長女 | 中女 | 老女 |
| 長男 | 中宮 | 小女 |
| 小男 | 中男 | 老男 |

| | | |
|---|---|---|
| 南東 | 南 | 南西 |
| 東 | | 西 |
| 北東 | 北 | 北西 |

基本的に風水では後天八卦とその五行を用います。これも必ず覚えてください。

後天位、飛泊

| | | |
|---|---|---|
| 4 | 9 | 2 |
| 3 | 5 | 7 |
| 8 | 1 | 6 |

| | | |
|---|---|---|
| 木 | 火 | 土 |
| 木 | 土 | 金 |
| 土 | 水 | 金 |

先天の定位は対面を足すとすべて9になるようにできているのに対して、後天の定位は対面を足すとすべて10になり、さらに縦横斜め、どこを足しても15になるようにできています。

## 十二

# 九星

九星は北斗七星を基に作られました。

天枢《てんすう》
天璇《てんせん》
天璣《てんき》
天権《てんげん》
玉衡《ぎょくしょう》
開陽《かいよう》
揺光《ようこう》

の七星に肉眼では可視できない二星

右弼《うひつ》
左輔《さほ》

を足して九星です。

この九星は風水では以下の呼び名で使われます。

貪狼《どんろう》
巨門《こもん》
禄存《ろくぞん》
文曲《もんごく》
簾貞《れんてい》
武曲《ぶきょく》
右弼《うひつ》
左輔《さほ》

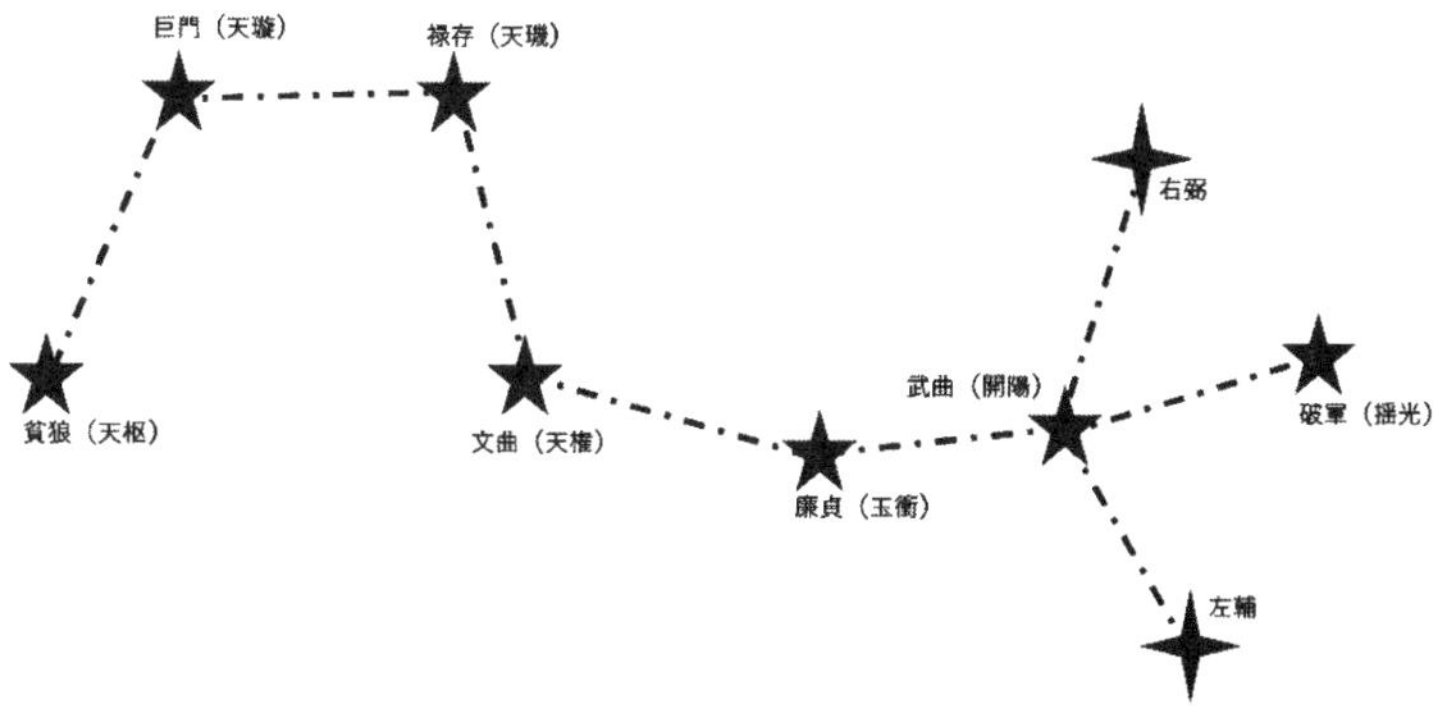

九星は図の数字の順番の通り変わった動きをします。この動き方は「飛泊《ひはく》」といいます。北斗七星の揺光の地球からの動き方を表したものといわれています。風水のみならず様々な中国占術で使用するので必ず覚えてください。

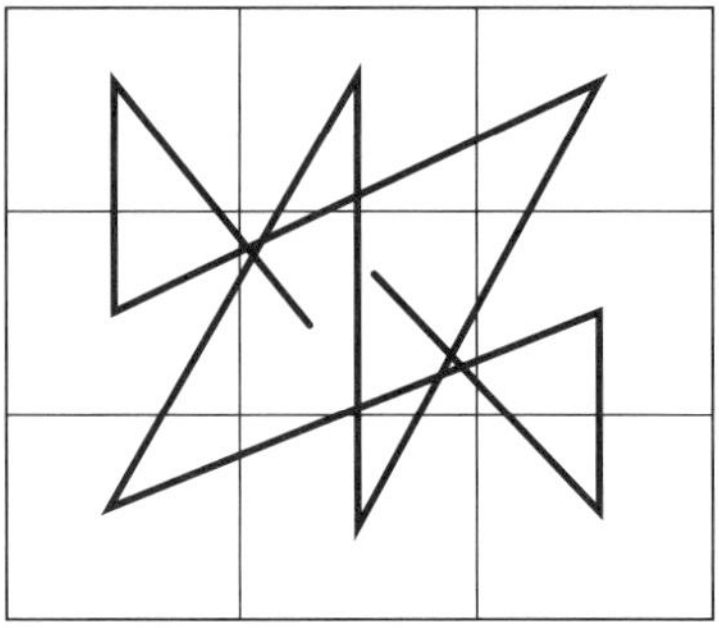

後天八卦と九星の定位を整理すると次の図のようになります。

| | | |
|---|---|---|
| 文曲（吉）<br>4 | 右弼<br>（半吉半凶）<br>9 | 巨門（凶）<br>2 |
| 禄存（凶）<br>3 | 簾貞（凶）<br>5 | 破軍（凶）<br>7 |
| 左輔（吉）<br>8 | 貧狼（吉）<br>1 | 武曲（吉）<br>6 |

この九星の概念に倣って数字には吉凶があります。

1・6・8……大吉
4…………吉
3・9……凶
2・5・7……大凶

第四章で紹介する「玄空飛星」という流派では、九星の数字を飛泊させて鑑定するのですが、私の経験上、1、6、8は大吉の象状が見られ、2・5は大凶の働きをしております。

7は本書では2・5と同じレベルの大凶と位置付けています。7は八遊では最大凶の絶命、九星では破軍、奇門遁甲という占術でも十干《じっかん》の庚《かのえ》とすべて凶星に該当し、中国占術上、吉の働きはしません。また実際の鑑定においても凶作用しか及ぼさず、複合的に判断し、7を大凶として扱っています。談氏三元地理大玄空路透でも七は大凶とされています。

5は基本的に大凶ですが、五鬼運財法という術が存在する通り、5は使用方法によっては財を運ぶとされ、吉作用を及ぼすことがあります。5は九宮では中宮（真中の宮）を司り、他の数字と違い、方位、季節、時間の概念を持たず、「財」を意味する特別な数です。西洋のカバラ数秘術でも5が珍重されています。

しかし5の使い方には大変に怖い反作用があるといわれており、実際のところ私も五鬼運財法は怖いので試したことがありません。九星気学では5が入った対面の宮は暗剣殺と呼ばれ大凶とされています。3と4は、3が凶、4が吉となっておりますが、どちらもパワー控え目で、実際の鑑定でも今のところ気にせず利用できています。元々、五行木なので旺期出なくても吉位があると思います。

## 十三　先天数と後天数

前章の表からも理解されている方はいらっしゃると思いますが、数字もそれぞれ五行に分けられます。

後天数

| | |
|---|---|
| 1 | 水 |
| 2　5　8 | 土 |
| 3　4 | 木 |
| 6　7 | 金 |
| 9 | 火 |

後天において、水と火はそれぞれ極陰と極陽になりますので、数字は一つずつになります。

| 先天数（生成数） | | |
|---|---|---|
| 1 | 6 | 水 |
| 2 | 7 | 火 |
| 3 | 8 | 木 |
| 4 | 9 | 金 |
| 5 | 10 | 土 |

水は「人間の体が腎臓から生成が始まる」といわれている通り、物事の始まりを表します。地球の形成の過程においても、マグマの塊だった地球に大気ができて水が生まれ、そこから生命が始まりました。よって先天も後天も水は「一」になります。強いていうならば、易や八卦は宇宙の成り立ちを表し、九宮は星の運行を表しており、全体として森羅万象、宇宙の成り立ちを可視化したものです。風水を初め中国占術はこの宇宙の力と大地の力を利用するので、これら天から与えられた理論を「天機」といいます。天機は「天の機密」という意味もあります。

実際の鑑定では、先天と後天を併せて使う場面は少なくありません。また、本書をきっかけに他の中国占術を学ばれるならば、先天八卦と先天数は必ず理解し記憶してください。

## 十四　太極

実際に理気の判断をするのに太極を決めなければいけません。流派によってそれぞれ考え方が違いますが、私は家の中心を太極とする方法を活用します。その場合、太極は家の重心です。家が正方形、長方形であれば対局線の交点が重心になりますが、その他の形状の場合は計算したり、家の間取り図を切り出して壁に画鋲などで止めて四方向から、それぞれ糸を垂らすなどして太極を求めます。パソコンのソフトで家の重心を出してくれますので、それを活用しても構いません。

家の中心を「太極」とか「大対極」といったりしますが、その逆で各部屋の中心を「小太極」といいます。また各部屋のHUBになっている部分は「明堂」といい、この部分の中心は「中大局」と呼ぶこともあります。

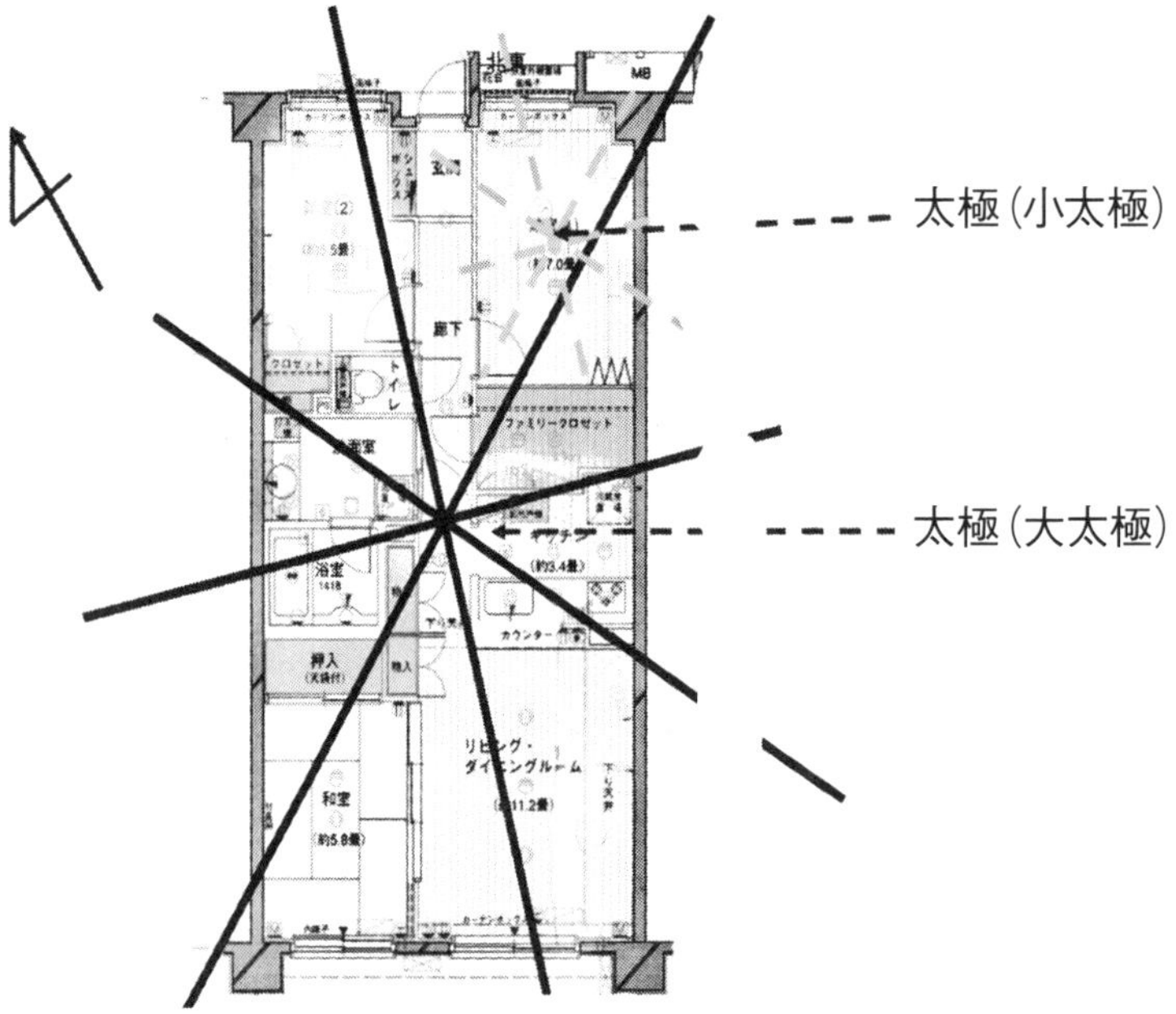
北東
MB
玄関
廊下
トイレ
クロゼット
ファミリークロゼット
浴室
押入
和室
カウンター
リビング・
ダイニングルーム
太極（小太極）
太極（大太極）

# 十五　座と向

太極が出ましたら、座と向を決めましょう。太極を中心に、家の向き（侵入方向の逆）が「向」で、その180度逆の方向が「座」です。

座は向が決まれば自動的に決まるのですが向は簡単には決まりません。玄関の向きといっている方もいらっしゃるようですが、私が鑑定してきた経験上では、向は、そこの住人がどの角度で侵入しているかによって決まることが多いように思います。玄関が南向きであっても、南西や南南東からの角度で入っている場合は、それが向になります。向がはっきりしない場合は、その家で起こっている現象から向を決めたりします。つまり向が家全体の吉凶を決めるのではなく、実際の吉凶により向が決められるべきなのです。これが「向が決められるようになったら風水師として一人前」といわれる所以《ゆえん》です。

向を決める上で特に難しいのが、庭付きの一戸建ての場合や、マンションの玄関の前にポーチがある場合等です。概ね玄関に対しての進入角度で向が取れますが、場合によっては、敷地への進入角度が向となっているケースも少なくありません。また一戸建てで複数人の家族がある場合は、出入口として複数使われることもあり、向がはっきりしなかったり、家の理気が多数混在したりすることもあります。「向がこっちだから、こう」と決めつけるのではなく、実際にその家に起きていることや、人に起こっていることから向を丁寧に決めていくことが大切です。

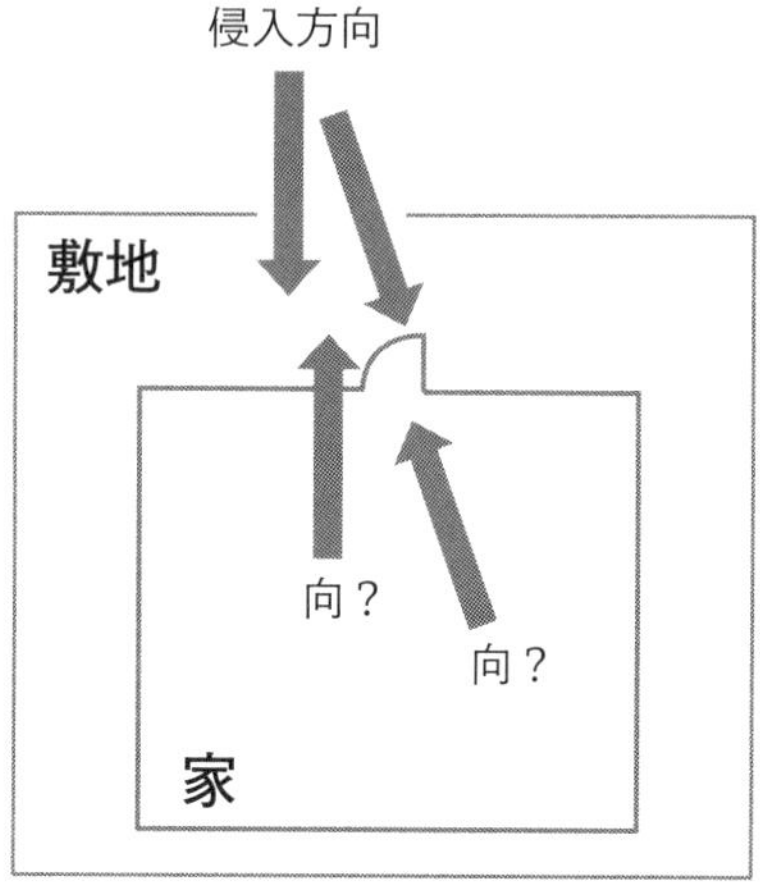

# 十六　家の欠け張り（相術としての風水）

家の太極と向・座が出ましたら、次に家の形を見ていきます。

風水において家の「欠け」があった場合、凶とします。私が実際鑑定した中でも概ね欠けている方位の問題が出ます。

例えば南が欠けている場合は、南の方角の象意が出ます。南は後天位では「離」で五行は火になります。体でいうと「頭」や「心臓」「血」等に当たります。人間では三十～四十代位の女性を意味します。太極や向が決まってなくても、この家の欠けだけである程度の判断ができる場合も少なくありません。先の例だと、「その家に住む三十～四十代位の女性に、精神疾患か心臓や血液に関する病気がある」と予測できます。子供の勉強や受験の相談ならば、頭が欠けているということから「あまり成績がよくない」と判断します。これは風水の相術としての活用法です。手相や観相が線や色を見ると同じで、家も形や間取りで「相」ができます。この考え方は風水が占術の範囲に含まれることを示唆《しさ》しています。

風水を始め奇門遁甲・四柱推命等中国占術を「統計学だ」という方がいらっしゃいますが、それは中国占術のみならず占術の本質を理解できないと言わざるを得ない発言です。間違いなく、この術を作る過程において、気の遠くなる数の検証が繰り替えされてきており、統計の要素は含んでいることは否定できませんが、その統計通りに吉作用や凶作用が出るということは極めて不可思議なことであり、ただ単に統計では説明ができない事柄が多数存在します。実際の鑑定では間違った判断や読み間違いで出した答えが当たったりすることもあり、統計から逸脱することも多々あり、やはり不思議です。占術の範疇ですので、第六感的な閃きなしでは語れないのです。

次頁の図のような状態を張りといいます。風水の一部の流派や日本家相等では「張りがある方位は力があるから吉」といいますが、私の経験上では「張りがある＝欠けがある」ということで、前述した通りに欠けの象状が出ていることが多いです。さらに、張りは「コブ」とも考えられるので、コブから連想するもの、例えば病気でいうならば「癌、腫瘍」のようなものだったり、突然の腫れがあったり等の病状が出ることが多いです。

家を選ぶ際はなるべく正方形に近い家をお勧めしますが、最近の新築のマンション等は特にベランダ側にエアコンの室外機置場があったり、デザインで玄関の位置が欠けていたりしているのが多く、「なるべく」、ということで考えないと住む家が選べなくなってしまいます。何事もほどほどが必要ですね。

**貼り出し**　概ね貼り出しのある方位に瘤状のものができる。
癌の場合もある。

左：離の張出

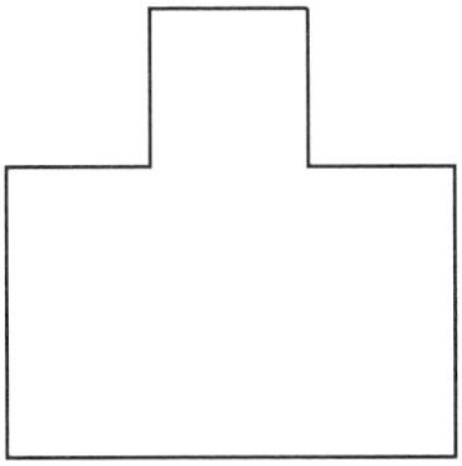

右：巽の張出

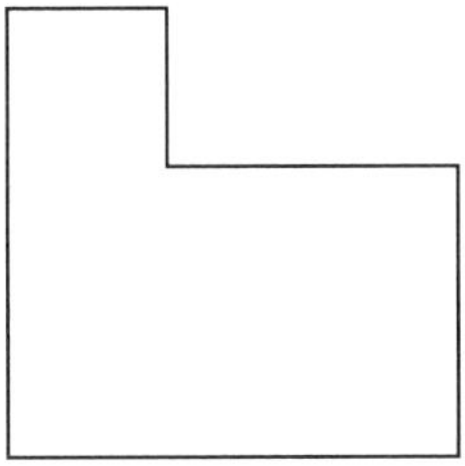

※張出しているとも取れるが、張出の量によっては、欠けとも取れる左は、巽と坤の欠けともいえる。右は離と坤の欠けともいえる。張出の場合は双方を疑うべきである。

## 欠け

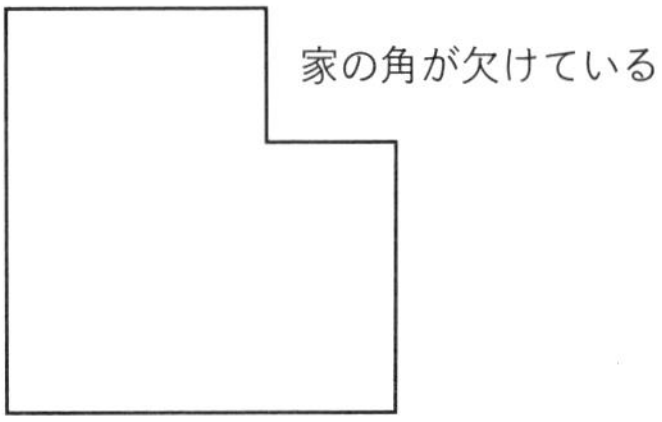


例）南西の角が欠けている場合

その家に住む、年配の女性、母親、
祖母などに問題が出やすい。
体の右上の怪我や、胃腸の病気等。

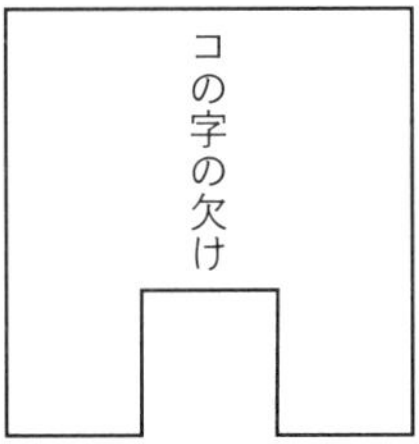


例）北がコの字に欠けている場合

その家に住む、三十〜四十代の男性、
もしくは次男に問題が出やすい。
泌尿器系の病気、性病、冷え性等。

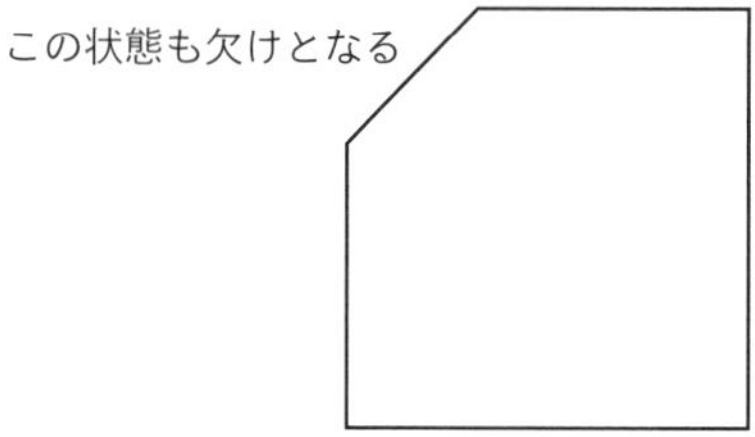


例）南東が足りない場合

その家に住む、年上の女性、長女に
問題が出やすい。
体の左上側の怪我や、耳や管状の臓器
の病気、流行り病等。

**長方形の家** 欠けてはないのだが、八方位中、六方位の面積が足りないので、欠けと同じ象状が出ることがある。

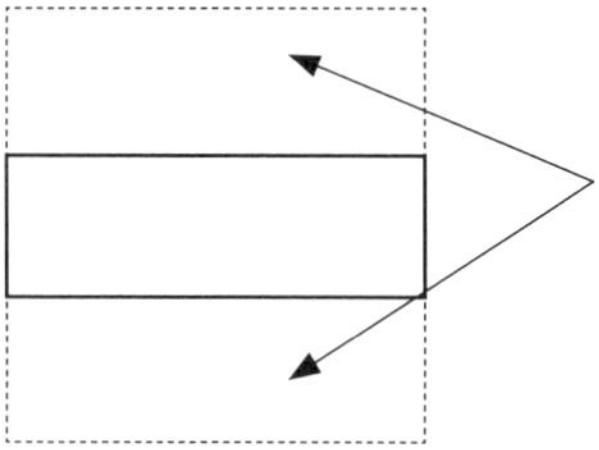

例）東西に細長い家

長女、中女、老女、老男、中男、
小男に問題が出やすい。
巽、離、坤、乾、坎、艮の内、状
態が悪い方位の病気や怪我などに
見舞われやすい。

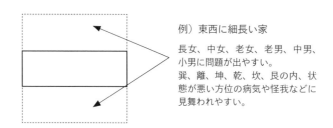

# 十七　命卜相医山

前項では相術的な風水のことを論じましたが、ここで少し他の占いに関しても軽く説明しておきましょう。

本項の題にある通り、占いの種別は「命卜相医山」の五種類に分けられます。

命とは、生まれた時間から人や法人等の大まかな一生を占うものです。四柱推命・紫微斗数・西洋占星術・インド占星術などがこれに該当します。

卜とは、その時に偶然に起きた事象から物事の結論を占うものです。断易・易・奇門遁甲・タロットカード等がそれに該当します。簡単なものでは花占いも卜占です。卜はさらに「卜・択日・測局」に分けられます。

相は今出ている形や色などから、現状やこれから起こることを判断します。風水はこれに該当します。その他、手相・観相・人相等が「相」に該当します。今出ている形や色などから、現状やこれから起こることを占います。

命卜相と分類はしているものの、どの占術も複雑に命卜相を絡めて使います。例えば、風水

（相）で家を選ぶ時には、そこに住む人の四柱推命（命）も見ないと選べません。選んだ物件に入居していいか、どうかを断易（卜）でフィルタリングし、入居の日を選びます。入居の日時を選ぶことを捉日といい、命と卜の両要素を含みます。

その他でも西洋占星術は命といいながらも卜占ができますし、命は「生まれた時間」という相を見る術ともいえます。風水もこれから今何が起きているか分かるので卜占の要素を含みます。つまり命卜相は、実際はどこからが相で、ここからが卜とは分けられるものではないのですし、先述したように重ねて複合的に使うのが中国での一般的な占術の塚板です。もしあなたが真剣に占いの道を進もうと思っているのならば、頭を柔軟にして、臨機応変かつ縦横無尽に命卜相を使いこなさなければなりません。

医は中医学のことです。医学が占いに分類されるのは驚きますが、学問でありながら占術の様相を呈しています。

山は主には仙道のことですが、風水のことをいうこともあります。

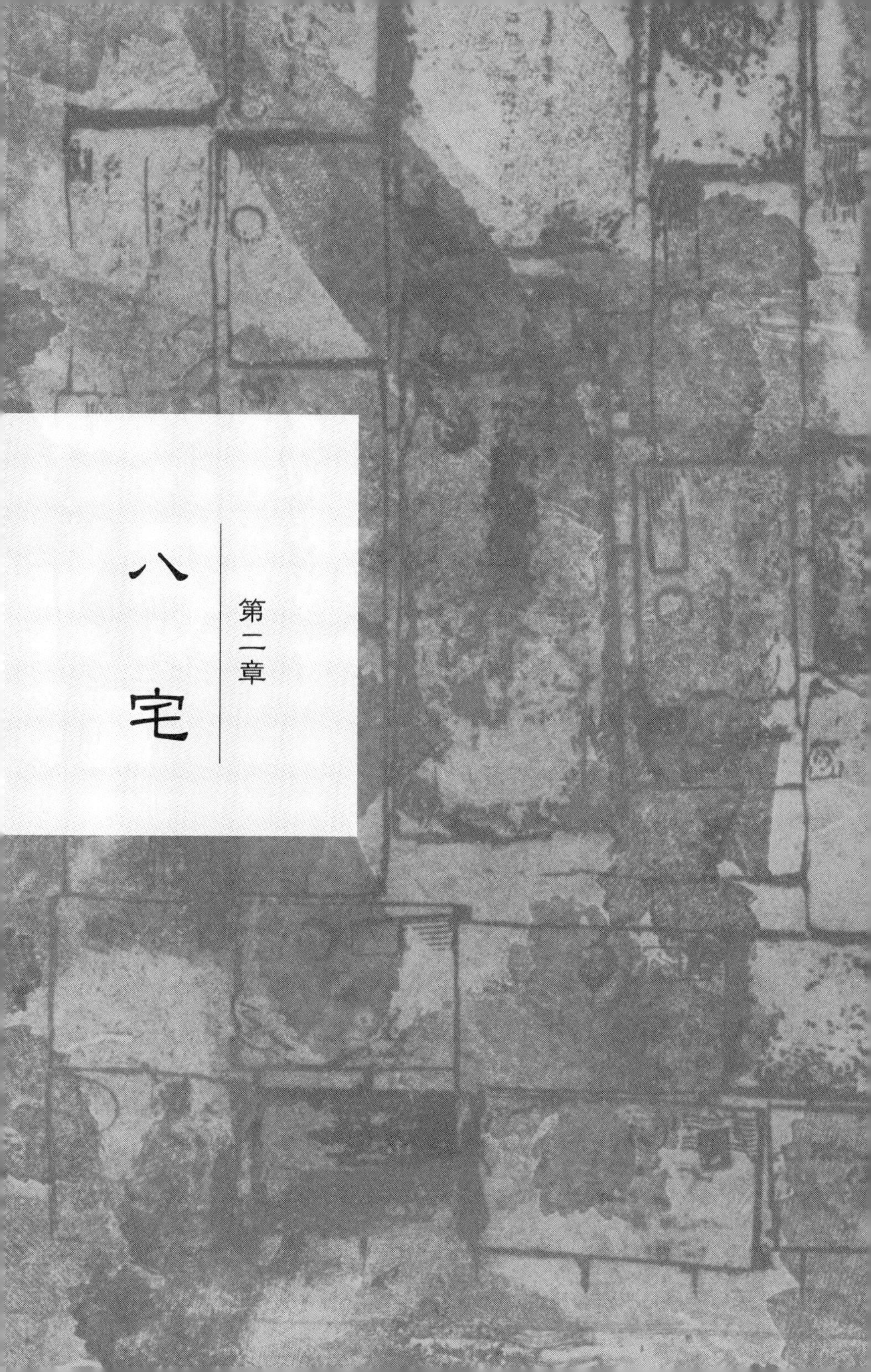

第二章

# 八宅

# 一　八宅派の概要

第一章では風水の基礎を学びました。第二章では八宅派と呼ばれる方法で実際の鑑定方法を学んでいきます。

八宅派は現在最も普及している風水の流派の一つです。効果がないなどといわれており、軽視されていた時期もありましたが、私が属する黒門派では八宅派の診断を見直し、その効果も再確認し重視しております。

この流派の文献としては、『八宅周書』『八宅明鏡』（箬冠道人著）、『陽宅三要』（趙九峰著）があります。また、『陽宅集成』（餐霞道人著）や『陽宅大全』等でも八宅を論じております。

その他、512パターンに分けて見る『陽宅三要』や建物の階層によって静宅・動宅・変宅に区分する方法や、二十四方位に分けて細かく判断する流派や、易に基づいて計算を行う流派など多数あります。

# 二　八宅の座向

八宅もその流派により伏位と呼ばれる基準となる位置の考え方が異なります。代表的なのは以下の四つです。

建物の向を基準とする流派
建物の座を基準とする流派
門（玄関）の方位を基準とする流派
本命（生まれた年）を基準とする流派

八宅明鏡では本命、八宅周書・陽宅大全では座、陽宅集成では座と本命を伏位として論じています。陽宅三陽では門位を伏位に取ります。

本書は入門書ですので、皆さんが学びやすいように本命と座より宅卦を出す方法をメインといたします。

## 三　八宅派の作盤

### 甲　本命卦の出し方

八宅の本命卦は以下の方法で算出します。

（男性）

① 生年の数字をひとけたになるまですべて加えます。

② １１から①で出た数字を引きます。

（女性）

① 生年の数字をすべて加えます。

② ①で出た数字に４を加えます。

## 例　1985年生まれの場合

（男性）

1＋9＋8＋5＝23

2＋3＝5・・・①

11－5＝6　11から①を引く

6は乾

（女性）

1＋9＋8＋5＝23

2＋3＝5・・・①

5＋4＝9　①に4を加える

9は離

最終的な数が5になった場合

男性は2＝坤、女性は8＝艮　となります。

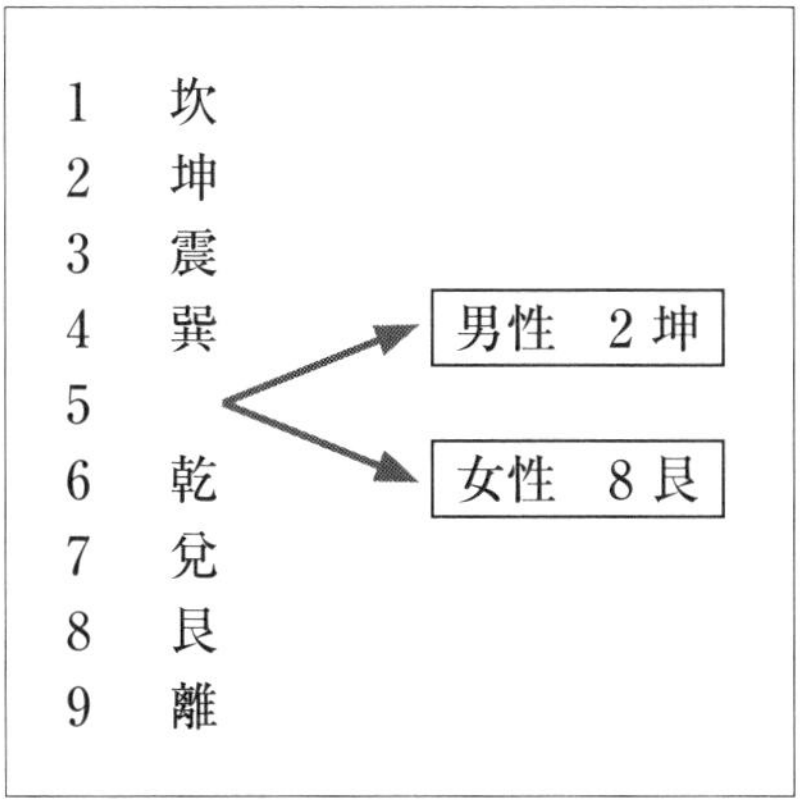

本命卦早見表

| 生年 | | | | | | | | | 男命 | 女命 |
|---|---|---|---|---|---|---|---|---|---|---|
| 1946 | 1955 | 1964 | 1973 | 1982 | 1991 | 2000 | 2009 | 2018 | 離 | 乾 |
| 1947 | 1956 | 1965 | 1974 | 1983 | 1992 | 2001 | 2010 | 2019 | 艮 | 兌 |
| 1948 | 1957 | 1966 | 1975 | 1984 | 1993 | 2002 | 2011 | 2020 | 兌 | 艮 |
| 1949 | 1958 | 1967 | 1976 | 1985 | 1994 | 2003 | 2012 | 2021 | 乾 | 離 |
| 1950 | 1959 | 1968 | 1977 | 1986 | 1995 | 2004 | 2013 | 2022 | 坤 | 坎 |
| 1951 | 1960 | 1969 | 1978 | 1987 | 1996 | 2005 | 2014 | 2023 | 巽 | 坤 |
| 1952 | 1961 | 1970 | 1979 | 1988 | 1997 | 2006 | 2015 | 2024 | 震 | 震 |
| 1953 | 1962 | 1971 | 1980 | 1989 | 1998 | 2007 | 2016 | 2025 | 坤 | 巽 |
| 1954 | 1963 | 1972 | 1981 | 1990 | 1999 | 2008 | 2017 | 2026 | 坎 | 艮 |

※1年を２月４日～翌年2月3日までとします。1月1日～2月3日生まれの方は前の年の西暦が生年です。

例）1970年1月25日生まれの男性は1969年として見る。よって本命卦は巽。

## 乙　宅卦の出し方

本書では座を基に宅卦を出します。玄関の向きによって割り出します。

玄関が北向き　（坎）→座が南　（離）→離宅
玄関が北東向き（艮）→座が西南（坤）→坤宅
玄関が東向き　（震）→座が西　（兌）→兌宅
玄関が南東向き（巽）→座が北西（乾）→乾宅
玄関が南向き　（離）→座が北　（坎）→坎宅
玄関が南西向き（坤）→座が北東（艮）→艮宅
玄関が西向き　（兌）→座が東　（震）→震宅
玄関が北西向き（乾）→座が南東（巽）→巽宅

## 四　大遊年変爻法

爻とは易卦を構成する要素で、八卦はそれぞれ三つの爻の陰陽で成り立っています。一つの爻の陰陽が変化すると別の卦が生成されます。これを変爻といいます（第一章第十一項参照）。つまり変爻とは陰から陽へ、あるいは陽から陰へと変わることをいいます。そして本命卦または宅卦と後天洛書の八方位の卦との変爻により、宅盤を作成します。これが大遊年変爻法です。

| | |
|---|---|
| ①宅卦と同方位は変爻なし | 伏位 |
| ②伏位の下爻変の方位 | 禍害（凶） |
| ③伏位の中爻変の方位 | 絶命（最大凶） |
| ④伏位の上爻変の方位 | 生気（最大吉） |
| ⑤伏位の下中爻変の方位 | 天医（吉） |
| ⑥伏位の上中爻変の方位 | 五鬼（大凶） |

⑦伏位の上下爻変の方位　六殺（中凶）

⑧全爻変の方位　延年（中吉）

宅卦が坎の場合

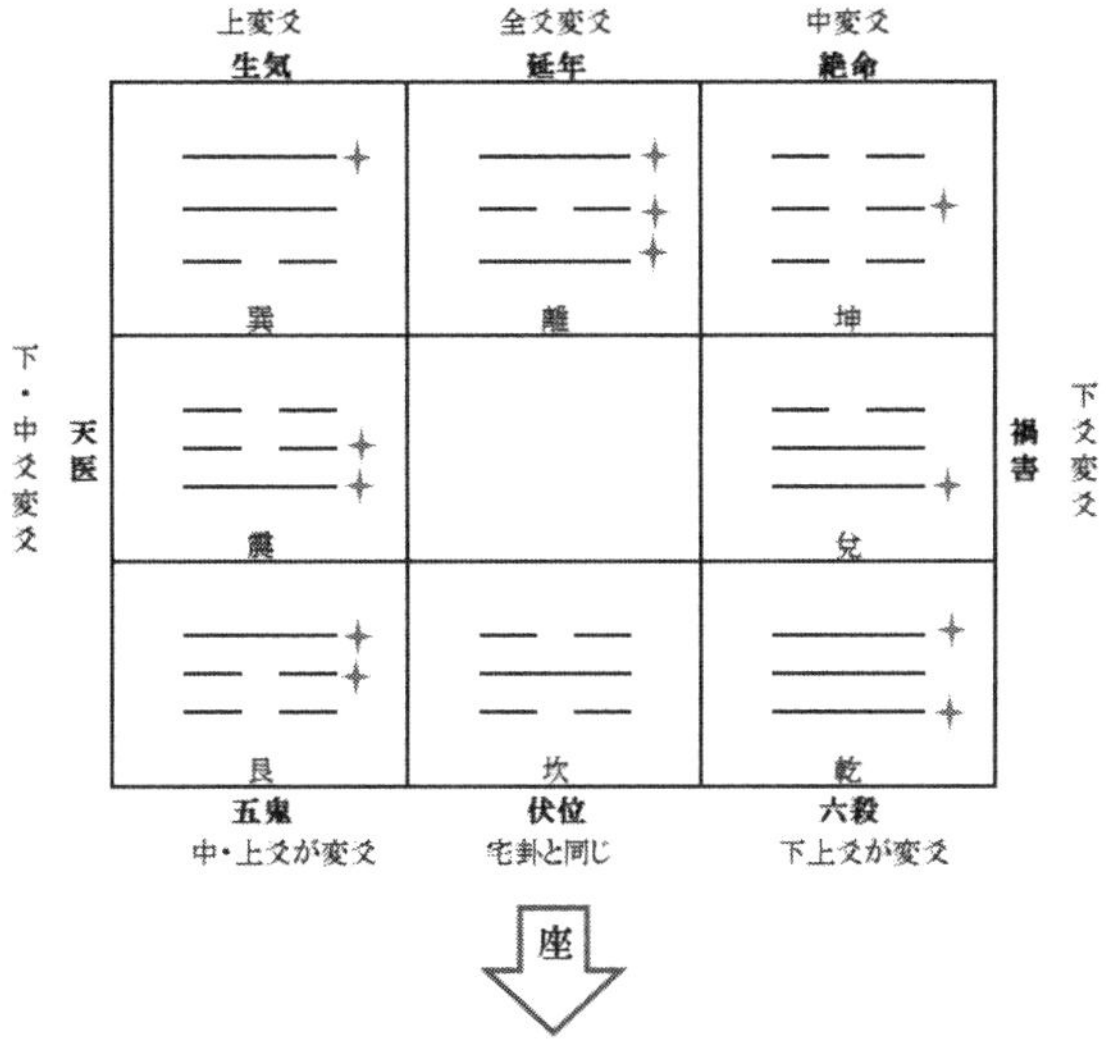


| ☷ | ☵ | ☳ | ☶ | ☱ | ☲ | ☴ | ☰ | ☰ |
|---|---|---|---|---|---|---|---|---|
| 坤《こん》 | 坎《かん》 | 震《しん》 | 艮《ごん》 | 兌《だ》 | 離《り》 | 巽《そん》 | 乾《けん》 | 乾《けん》 |
| 全爻変は延年 | 伏位の上・下爻変は六殺 | 伏位の上・中爻変は五鬼 | 伏位の下・中爻変は天医 | 伏位の上爻変は生気 | 伏位の中爻変は絶命 | 伏位の下爻変は禍害 | 変爻がないので伏位 | 宅卦 |

# 五 宅盤

本命卦と宅卦別の宅盤を書いておきます。

| 本命卦 | 宅盤 |
|---|---|
| 坎宅 | ア |
| 艮宅 | イ |
| 震宅 | ウ |
| 巽宅 | エ |
| 離宅 | オ |
| 坤宅 | カ |
| 兌宅 | キ |
| 乾宅 | ク |

エ

| | | |
|---|---|---|
| **伏位** | 天医 | 五鬼 |
| 延年 | 巽 | 六殺 |
| 絶命 | 生気 | 禍害 |

オ

| | | |
|---|---|---|
| 天医 | **伏位** | 六殺 |
| 生気 | 離 | 五鬼 |
| 禍害 | 延年 | 絶命 |

カ

| | | |
|---|---|---|
| 五鬼 | 六殺 | **伏位** |
| 禍害 | 坤 | 天医 |
| 生気 | 絶命 | 延年 |

ウ

| | | |
|---|---|---|
| 延年 | 生気 | 禍害 |
| **伏位** | 震 | 絶命 |
| 六殺 | 天医 | 五鬼 |

キ

| | | |
|---|---|---|
| 六殺 | 五鬼 | 天医 |
| 絶命 | 兌 | **伏位** |
| 延年 | 禍害 | 生気 |

| | | |
|---|---|---|
| 絶命 | 禍害 | 生気 |
| 六殺 | 艮 | 延年 |
| **伏位** | 五鬼 | 天医 |

イ

| | | |
|---|---|---|
| 生気 | 延年 | 絶命 |
| 天医 | 坎 | 禍害 |
| 五鬼 | **伏位** | 六殺 |

ア

| | | |
|---|---|---|
| 禍害 | 絶命 | 延年 |
| 五鬼 | 乾 | 生気 |
| 天医 | 六殺 | **伏位** |

ク

# 六　宅命相配・屋命相配・床命相配

八宅派では宅卦を東四宅と西四宅に分類します。

東四宅↓震・巽・離・坎
西四宅↓坤・兌・乾・艮

東四宅は、北・東・南東・南の四方位が吉
西四宅は、南西・西・北西・北東の四方位が吉

東四命の人は東四宅へ、西四命の人は西四宅に住めば本命卦と宅卦の吉方位が重なることになり、吉意が増します。その逆で東四命の人が西四宅へ、西四命の人が東四宅に住むと吉凶が逆転して吉意が薄れてしまいます。

東四命の人は東四宅へ、西四命の人は西四宅に住めば本命卦と宅卦の吉方位が重なることになり、吉意が増します。その逆で東四命の人が西四宅へ、西四命の人が東四宅に住むと吉凶が逆転して吉意が薄れてしまいます。要は本命と宅卦の相性がいい状態を「宅命相配」といい、上吉になります。

屋命相配は、本命卦を優先し本命卦の吉方位を使用することで中吉になります。

床命相配は部屋の小太極を取り、本命卦の吉方位に合わせて部屋の中の配置を整え、特に寝る位置を吉方位に置きます。これは小吉です。

整理すると吉意は（宅命→屋命→床命）の順となります。

東四宅

| | | |
|---|---|---|
| 吉 | 吉 | |
| 吉 | | |
| | 吉 | |

東四宅

| | | |
|---|---|---|
| 巽 | 離 | |
| 震 | | |
| | 坎 | |

西四宅

| | | |
|---|---|---|
| | | 吉 |
| | | 吉 |
| 吉 | | 吉 |

西四宅

| | | |
|---|---|---|
| | | 坤 |
| | | 兌 |
| 艮 | | 乾 |

| | | | | |
|---|---|---|---|---|
| | | 南 | | |
| | 禍害 | 絶命 | **延年** | |
| 東 | 五鬼 | 乾 | **生気** | 西 |
| | 天医 | 六殺 | **伏位** | |
| | | 北 | | |

| | | | | |
|---|---|---|---|---|
| | | 南 | | |
| | 絶命 | 禍害 | 生気 | |
| **東** | 六殺 | 艮 | 延年 | 西 |
| | **伏位** | 絶命 | 天医 | |
| | | 北 | | |

| | | | | |
|---|---|---|---|---|
| | | 南 | | |
| | 六殺 | 五鬼 | 天医 | |
| 東 | 絶命 | 兌 | **伏位** | 西 |
| | 延年 | 禍害 | 生気 | |
| | | 北 | | |

| | | | | |
|---|---|---|---|---|
| | | 南 | | |
| | 五鬼 | 六殺 | **伏位** | |
| 東 | 禍害 | 坤 | 天医 | 西 |
| | 生気 | 絶命 | 延年 | |
| | | 北 | | |

## 七 八遊星

先ほどから登場してくる伏位や生気などのことを八宅派で八遊星といいます。それぞれの属性は次の通りになります。

吉方位

| | | |
|---|---|---|
| 生気 | （最上吉） | 五行木 |
| 天医 | （上吉） | 五行土 |
| 延年 | （中吉） | 五行金 |
| 伏位 | （小吉） | 五行木 |

凶方位
絶命（最大凶）　五行金
五鬼（大凶）　五行火
六殺（小凶）　五行水
禍害（中吉）　五行土（凍土）

八宅派の考え方では吉グループと凶グループの中で順位がついておりますが、実際の鑑定の中では、それほど優劣はなくほぼ同様の凶の作用ができます。

第一章で論じた通り五行木は最大吉であることは凶意が存在しないことでも理解できます。その五行木を剋す絶命金は最大凶になります。五鬼は木を燃やして消滅させてしまうので凶です。

六殺は半凶ではありますが、五行水で木を潤し、数字の1が当てはまり、紫白九星でも貧狼となることからも、実際の鑑定でもそれほど凶意は感じません。

# 八　八遊星の象意

八遊星の象意を要約すると以下のようになります。

---

生気……主に「財」

この方位は活気があり発展活性する作用があります。

店舗……レジやお客様の出入り口に適しています。

事務所…受注・営業部門に適しています。

住居……玄関があると財運に恵まれます。リビングも適しています。活気がある方位なので寝所には向きません

（関連キーワード）　生命力・活気・発展・活発・前進・創造

天医……主に「仕事・勉強・癒し」
　精神が安定して集中力が増す作用があります。五行土の方位なので、この方
　位が応じると財運に恵まれます。
事務所…管理部門・開発部門に適しています。
住居……勉強部屋・寝所が適しています。
（関連キーワード）健康・無病・学業・仕事・財利

延年……主に「協調性」
　協調性が増し人間関係がスムーズになる作用があります。
事務所…採用・営業関連に適しています。
住居……良縁をもたらします。結婚後も夫婦関係が安定します。
（関連キーワード）和合・成婚・協調・中富・結婚

伏位…………主に「安定」

物事を安定させます。派手な作用もなく、安泰な方位です。

事務所・住居…何に活用しても問題ありません。しかし、伏位を入り口にする流派においては玄関以外の活用方法がありません。


絶命…命を絶つ、という意味の大凶方位です。

精神的・経済的にダメージを負います。病気にも注意をしてください。

（関連キーワード）多病・敗産・敗業・子供ができない

五鬼…精神的なストレスや過失により災害を招く方位です。車の運転をする方は特に注意が必要です。

（関連キーワード）火災・事故・怪我・退財・盗難・親不孝・眼病・過労・ケアレスミス

六殺…自堕落になってしまう方位です。基本的には凶方位ですが、遊びや恋愛を望む場合には吉作用を及ぼします。しかし一定の効果はありますが、延年方位と比べると性質が凶よりなので素性が良くない場合があり、注意が必要です。

（関連キーワード）口舌・水難・賭博・負債、官非・不正・多淫・桃花

禍害…ストレスにより胃腸を壊したり、頑張っているのに収入が増えなかったり、上司に恵まれなかったりします。禍害は五行土ですが凍土なので、解凍できれば五行土の財を得られるとされています。

（関連キーワード）病気・胃の疾患・退財・官非

## 九 八遊星と五行の関係

八遊星は第七項で学んだ通りの象意を持っており、その現象が現れますが、実際はその吉凶は使われる方位により強さが異なります。

### 生気・伏位（木）

生気・伏位は、坎宮（水）、震宮・巽宮（木）、と離宮（火）では吉意が最大に増します。離宮に生気が入った場合は、木↓火で生気の木の理気が燃えますので、効果も早い分、短期で燃え尽きてしまいます。大体、その効果は十年と言われています。燃え尽きた後は離の元来の意味である凶意が発動することもありますので注意が必要です。

坤宮・艮宮（土）、兌宮・乾宮（金）では吉意が発動しない場合もあります。

### 延年（金）

延年は坤宮・艮宮（土）、兌宮・乾宮（金）にある場合に吉意が最大に増します。

離宮（火）にある場合は火剋金で力が発揮し辛い場合があります。坎宮（水）、震宮・巽宮（木）も吉意が薄れます。

**天医（土）**

天医は離宮（火）、坤宮・艮宮（土）にある場合に吉意が増します。
坎宮（水）、震宮・巽宮（木）兌宮・乾宮（金）にある場合は吉意が薄れます。

**絶命（金）**

絶命は坤宮、艮宮、兌宮、乾宮で凶意を最大に発揮します。
坎宮、離宮、震宮、巽宮では凶意が薄れます。

**禍害（土）**

禍害は離宮、坤宮、艮宮で凶意が増します。
兌宮、乾宮、坎宮、震宮、巽宮では凶意が薄れます。

### 五鬼（火）

五鬼は震宮・巽宮・離宮で凶意が増します。

しかし震宮、巽宮にある場合は巽宮の木の理気が早く燃えてしまい凶意が長続きしない場合があります。

坎宮、兌宮、乾宮、坤宮、艮宮では凶意が薄れます。

### 六殺（水）

六殺は兌宮、乾宮、坎宮で象意が増します。

桃花法に関しては、乾宮が一番効果を発揮します。しかし桃花法は男性にのみ強く効果を発揮して、女性には効きが弱い感があります。

坤宮、艮宮、震宮、巽宮、離宮では凶意も薄らぎ、桃花法も効きが悪くなります。

| | 伏位<br>木 | 生気<br>木 | 五鬼<br>火 | 天医<br>土 | 禍害<br>土 | 延年<br>金 | 絶命<br>金 | 六殺<br>水 |
|---|---|---|---|---|---|---|---|---|
| 震木 | 比和 | 比和 | 生入 | 剋入 | 剋入 | 剋出 | 剋出 | 生出 |
| 巽木 | 比和 | 比和 | 生入 | 剋入 | 剋入 | 剋出 | 剋出 | 生出 |
| 離火 | 洩 | 洩 | 比和 | 生入 | 生入 | 剋入 | 剋入 | 剋出 |
| 坤土 | 剋出 | 剋出 | 洩 | 比和 | 比和 | 生 | 生 | 剋入 |
| 兌金 | 剋入 | 剋入 | 剋出 | 洩 | 洩 | 生 | 生 | 生入 |
| 乾金 | 剋入 | 剋入 | 剋出 | 洩 | 洩 | 比和 | 比和 | 生入 |
| 坎水 | 生入 | 生入 | 剋入 | 剋出 | 剋出 | 比和 | 比和 | 比和 |
| 艮土 | 剋出 | 剋出 | 剋出 | 比和 | 比和 | 剋出 | 剋出 | 剋入 |

**生気**

| | | |
|---|---|---|
| ◎ | △ | △ |
| ◎ | 生気 | △ |
| △ | ◎ | △ |

**五鬼**

| | | |
|---|---|---|
| × | ××× | × |
| × | 五鬼 | × |
| × | × | × |

**禍害**

| | | |
|---|---|---|
| × | ××× | ×× |
| × | 禍害 | × |
| ×× | × | × |

**伏位**

| | | |
|---|---|---|
| ◎ | △ | △ |
| ◎ | 伏位 | △ |
| △ | ◎ | △ |

**絶命**

| | | |
|---|---|---|
| × | × | ×× |
| × | 絶命 | ×× |
| ×× | × | ×× |

**天医**

| | | |
|---|---|---|
| △ | ◎ | ◎ |
| △ | 天医 | △ |
| ◎ | △ | △ |

**六殺**

| | | |
|---|---|---|
| × | × | × |
| × | 六殺 | ×× |
| × | ×× | ×× |

**延年**

| | | |
|---|---|---|
| △ | △ | ◎ |
| △ | 延年 | ◎ |
| ◎ | △ | ◎ |

# 十　間取り別使用法

八遊星は原則として、玄関、居間、寝室等を吉方位に配置します。

トイレは凶方位にあると凶意を静めると言われています。

本命卦を考慮すると全員の吉方位になることは困難なので、家長の本命卦を優先させます。

凶方位も同様で、家長にとって凶方位にならないようにします。

**玄関（お勧め：生気）**

その家に住む人全員に作用します。

気の入り口であり、陽宅において最も重要です。吉方位にあることが望ましいです。

**居間・リビング（お勧め：生気・延年）**

その家に住む人全員に作用します。本命卦が合わない場合は、小太極での吉方位を使用します。

## 寝室等、各居室（お勧め：天医）

その部屋を使う人にだけ作用します。本命卦の吉方位を選択することが望ましいのですが、無理な場合は部屋の小太極から吉方位を使用します。寝る頭の向きは吉方位を向くようにします。

## ガステーブル・キッチン

キッチンはガステーブルに注目します。つまみが必ず吉方位に向くようにします。ガステーブルは凶方位にあると凶意を静めるといわれています。逆に吉方位にあると凶意が発生します。ガステーブルが八遊星のそれぞれに配置された場合の象意を記します。

---

生気…子供に恵まれない。誹謗中傷を受ける。収入や不動産が減る。
天医…体が弱り慢性病で床に臥す。薬も効果がない
延年…財に恵まれず、短命。婚姻はまとまり難く、夫婦も不仲
伏位…財に恵まれず、何事も不順。
絶命…健康で長生き。財にも恵まれる。

六殺…財があり、争いもない。水火の禍もない。
禍害…争いがなく病気もなく財も減らない。
五鬼…火事や泥棒に合わない。災いや病気もなく、財や不動産に恵まれる。

## バス・トイレ

バス、トイレも凶方位に配置するのが良いといわれます。バスやトイレは水が流れます。その水とともに凶意が流れ去る、ということです。

| | 伏位 | 生気 | 五鬼 | 天医 | 禍害 | 延年 | 絶命 | 六殺 |
|---|---|---|---|---|---|---|---|---|
| バス | | | 吉 | | 吉 | | 吉 | 吉 |
| 玄関 | 吉 | 大吉 | | 吉 | | 吉 | | |
| 居間・リビング | 吉 | 中吉 | | 吉 | | 大吉 | | |
| 寝室 | 吉 | 小吉 | | 大吉 | | 大吉 | | |
| ガステーブル キッチン | | | 吉 | | 吉 | | 吉 | 吉 |
| 勉強部屋 | 吉 | 吉 | | 吉 | | 大吉 | | |
| トイレ | | | 吉 | | 吉 | | 吉 | 吉 |

| | 吉方位あると吉 | 凶方位あると吉 |
|---|---|---|
| 部屋 | 寝室 | キッチン |
| | リビング | バス |
| | 玄関 | トイレ |
| 物 | 電話 | 電子レンジ |
| | パソコン | 炊飯器 |
| | テレビ | 物置 |
| | エアコン | ストーブ |
| | 扇風機 | 冷蔵庫 |

# 十二　目的別使用法

本命卦の吉方位の部屋を使用します。部屋の入り口から部屋の盤を作成します。つまり各部屋の入り口を伏位にして盤を作成し、吉方位を使用します。例えば部屋の太極から見て南に入り口があれば離宅となります（八遊星の象意を参照）。

## ①仕事

職場の座る位置を検討します。正確には机と頭の位置の中間を吉方位に置きます。営業や受注に関する部署は生気、採用や人事は延年、管理部門は天医。

## ②求財

生気か天医を使用します。九星宅盤の死気の方位に水槽を置くこともあります。死気方位は財方ともいわれます。「紫白訣」の流年看方の発財方位も考慮します。

### ③ 恋愛・結婚

延年の位置に床位を置きます。最低限頭が入るようにします。六殺も使用できますが、あまり内容の良いお付き合いにはなりません。

### ④ 勉学

天医を使用します。併せて九星宅盤（第三章参照）で一白か四緑が廻っている吉方位を使用すると、紫白訣の「四一同宮」が使用できます。

巒頭上では、机が入り口を向けるようにします。背中に壁が来るようにすると集中力が増し効果が上がります。

### ⑤ 治病

天医か生気を使用します。天医は安静が必要な時に、生気は元気を取り戻したい時に使用します。巒頭上では釜戸・ガステーブル・電子レンジが凶方位に置かれ、吉方位を向いていることが原則です。この釜戸類がある位置の象意が出やすいです。例えば南にあると、火傷・頭部の怪我や、頭痛・眼病、心臓や血に関する病気等。

## 十二　八宅と癌との相関関係

風水では寝る場所を最も大切にします。理由は最も長く滞在する場所、すなわち一番理気の影響を受ける場所だからです。

「住宅風水与癌症」によると、東四命（震、巽、離、坎）と西四命（坤兌乾艮）を比べると、圧倒的に西四宅に住む人の方が癌の発生が多いとされています。統計調査によると約三倍の発生率です。その西四命の中でも、特に絶命に寝ている人が一番発症しており、次いで禍害、五鬼と続きますが、絶命で寝ている人の癌の発生率は西四命の二分の一を占めており、東西四命でも三分の一という高発症率です。

しかし注目すべきは東四宅の生気方位の癌発生数です。27件は西四宅の五鬼に次ぐ結果です。生気は成長させる気がありますので体内の癌細胞も育ててしまうということなのかもしれません。逆に東四宅の五鬼と禍害は比較的発生数が少ないのも驚きです。東四宅において凍土である禍害は火に出会っていないので凶意が少ないといえます。五鬼も東四宅ではめぐる宮で同じく火に出会わないので脅威が抑えられているといえます。

階高も影響します。一階に寝ている人が全体の約40％で、階数が上がるごとに発症率が下がっていきます。高層階の発症が少ないかは書かれておりませんので、どうなのか分かりませんが、一階にいるよりはそのリスクは低いようです。

風水は大地のエネルギーの活用、という観点から考えると、一階にいる方が癌のリスクは高いが地面に近い分、大地からの吉意（影響）も得やすいといえます。昨今、高層マンションが乱立していますが、高層階に住んでいると風水の効果も得にくいのかもしれません。

## 十三　八遊星の応期

それぞれの八遊星は季節や流年の十干十二支により吉意や凶意が増したり、象意が薄れたりします。五行の化殺を理解し、柔軟に対応することをお勧めします。

生気…五行が陽木なので、五行木の年月に応期を迎えます。
　十干が甲乙、十二支が亥卯未の年月

天医…五行が陽土なので、五行土の年月に応期を迎えます。
　十干が戊己、十二支が丑辰未戌の年月

延年…五行が陽金なので、五行金の年月に応期を迎えます。
　十干が庚辛、十二支が巳酉丑の年月

伏位…五行が陰木です。それほどの応期は訪れません。

絶命…五行が陰金なので、五行金の年月に脅威が増します。
　十干が庚辛、十二支が巳酉丑の年月

五鬼…五行は陰火なので、五行火の年月に脅威が増します。
　十干が丙丁、十二支が寅午戌の年月

六殺…五行は陽水なので、五行水の年月に象意が強くなります。
　十干が壬癸、十二支が申子辰の年月

禍害…五行は陰土なので、五行土の年月に脅威が増します。
　十干が戊己、十二支が丑辰未戌の年月

# 十四　八宅の鑑定法

## （一）宅卦の求め方

本書での八宅の宅卦は、向で決定される座の方位で決まります。玄関の位置ではありませんので注意してください。

次の図のように南東に玄関があっても、家の向きが南（離）なので、宅卦は坎になります。

次に、南東を向いている家（巽向）の場合も座になる方位から宅卦を出しますので、この場合、玄関は震位にありますが、座方位の乾が宅卦になります。この考え方は、第四章で学ぶ玄空飛星などの流派を学ぶと、こんがらがって分からなくなる方が多いですので、しっかりと理解しておいてください。

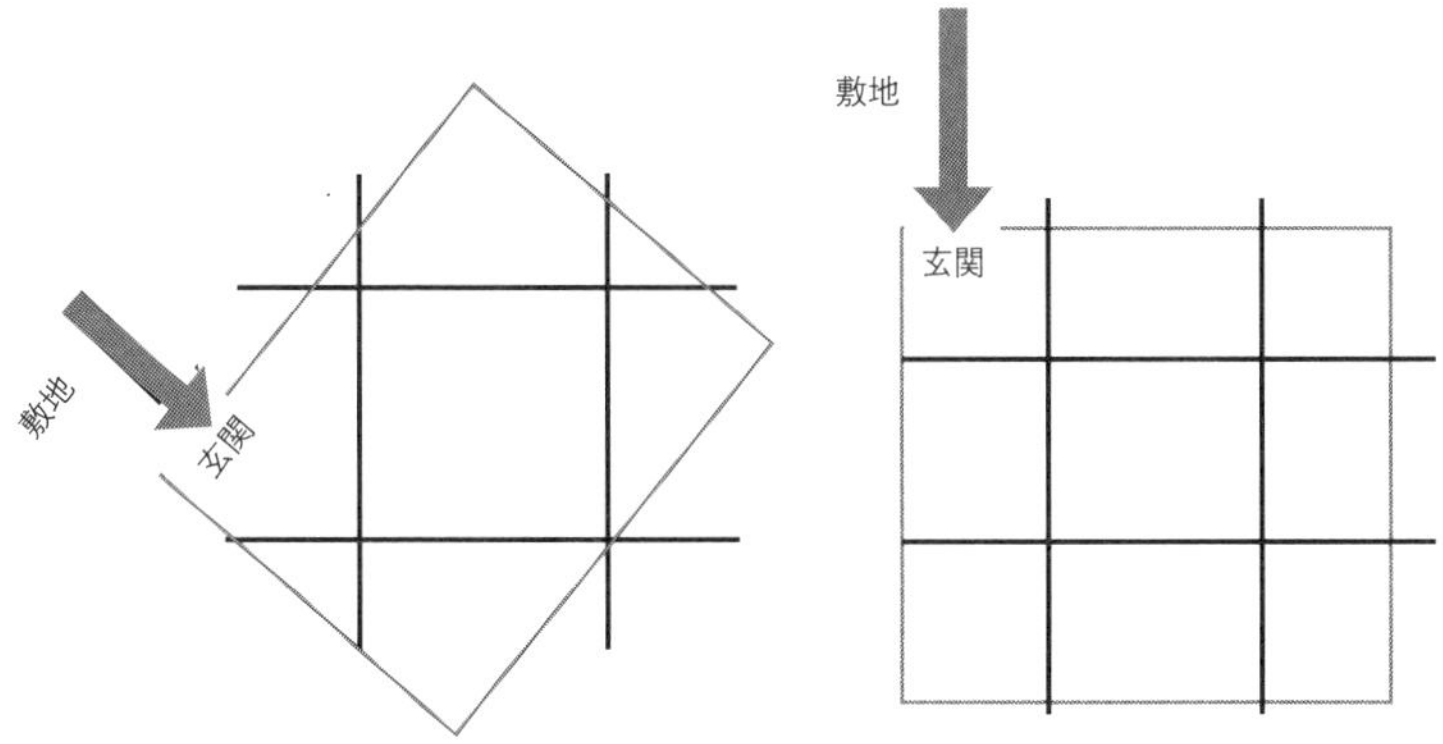

## （二）方位の区切り方

方位の区切り方も流派ごとにまちまちです。黒門派では八宅の場合は井桁で等分する方法を用います。

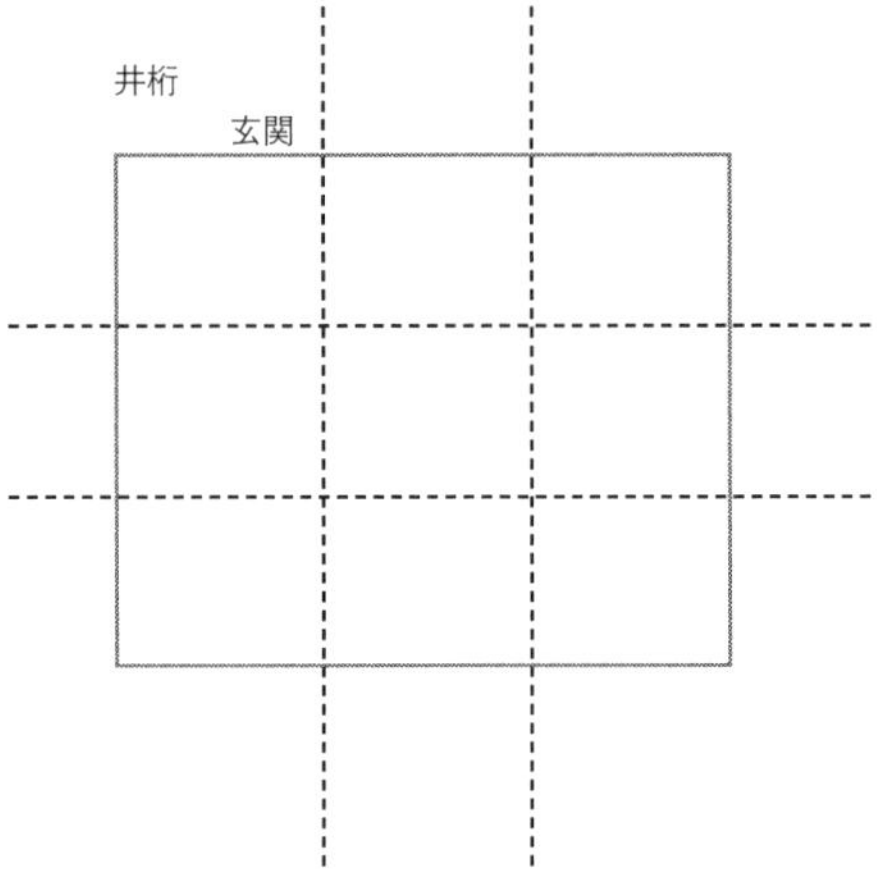


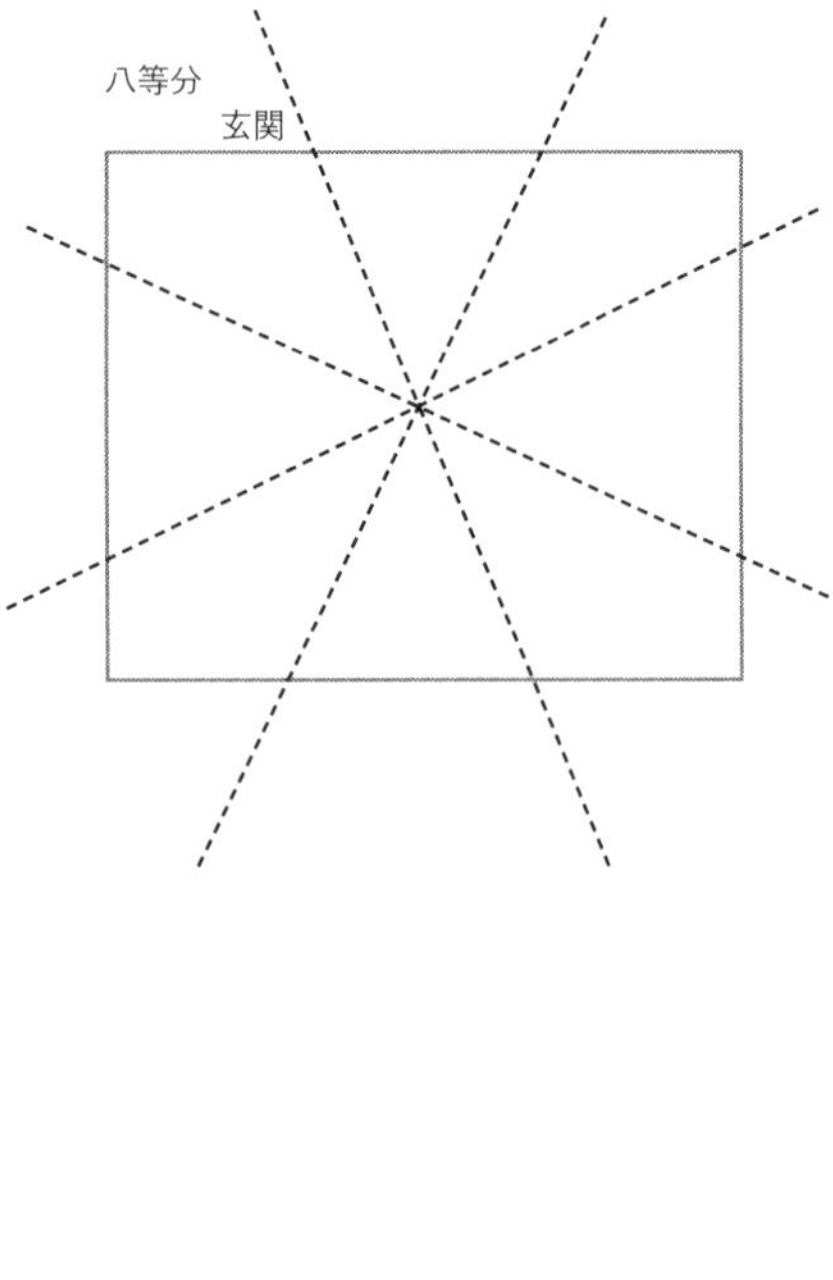


中国本土や日本国内を見ていると家の中心から45度で八等分している分け方が一番多いように思えます。

同じ八等分でも、震離兌坎方位を30度、残りを60度で分けている流派も存在します。これは九宮に十二支を振り分けた時、震離兌坎には、それぞれ卯午酉子、所謂「四敗地」が一つずつしか入らないのに対し、その他の方位には生方と四庫の支が二つずつ入るので角度を支の数に合わせて割り振ったためできたものです。日本の九星気学の流れではこの方位を用います。

ただ、これは東西南北だけ他の方位より狭いなどということは地政学的に考えづらいですので、よほどの根拠と実績がない限り、お勧めしない方法です。

井桁に切る方法も、東西南北を狭くする流派や、逆に東西南北を他の方位よりも広めに取る流派も存在します。これに関しては皆様が実際に鑑定してみて、一番合うものを選択すればよいと思います。

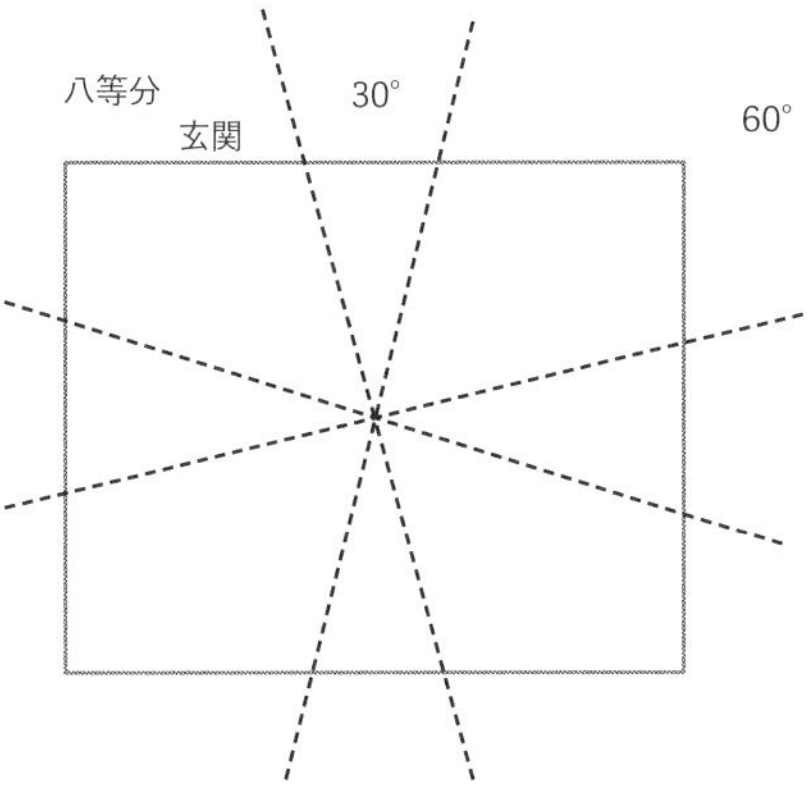

## （三）宅卦・八遊星の出し方の色々

本書では宅卦は座の方位を伏位として決めるとしておりますが、これはあくまで学習用に位置を定めているにすぎません。実際は、玄関（入口）で宅卦を決める場合もあります。どちらが正しいということはなく、今、その家の中で起きている現象を基に考えるべきです。

第十一項での結果を見ても、絶命は最大凶であることは間違いありませんが、どの本にも「大吉」とされている生気方位も東四宅で寝室に使用すると癌が意外と多く発生しています。結果から考えれば、この生気方位は凶だったことになります。このように風水鑑定においては柔軟な考え方がとても重要になります。

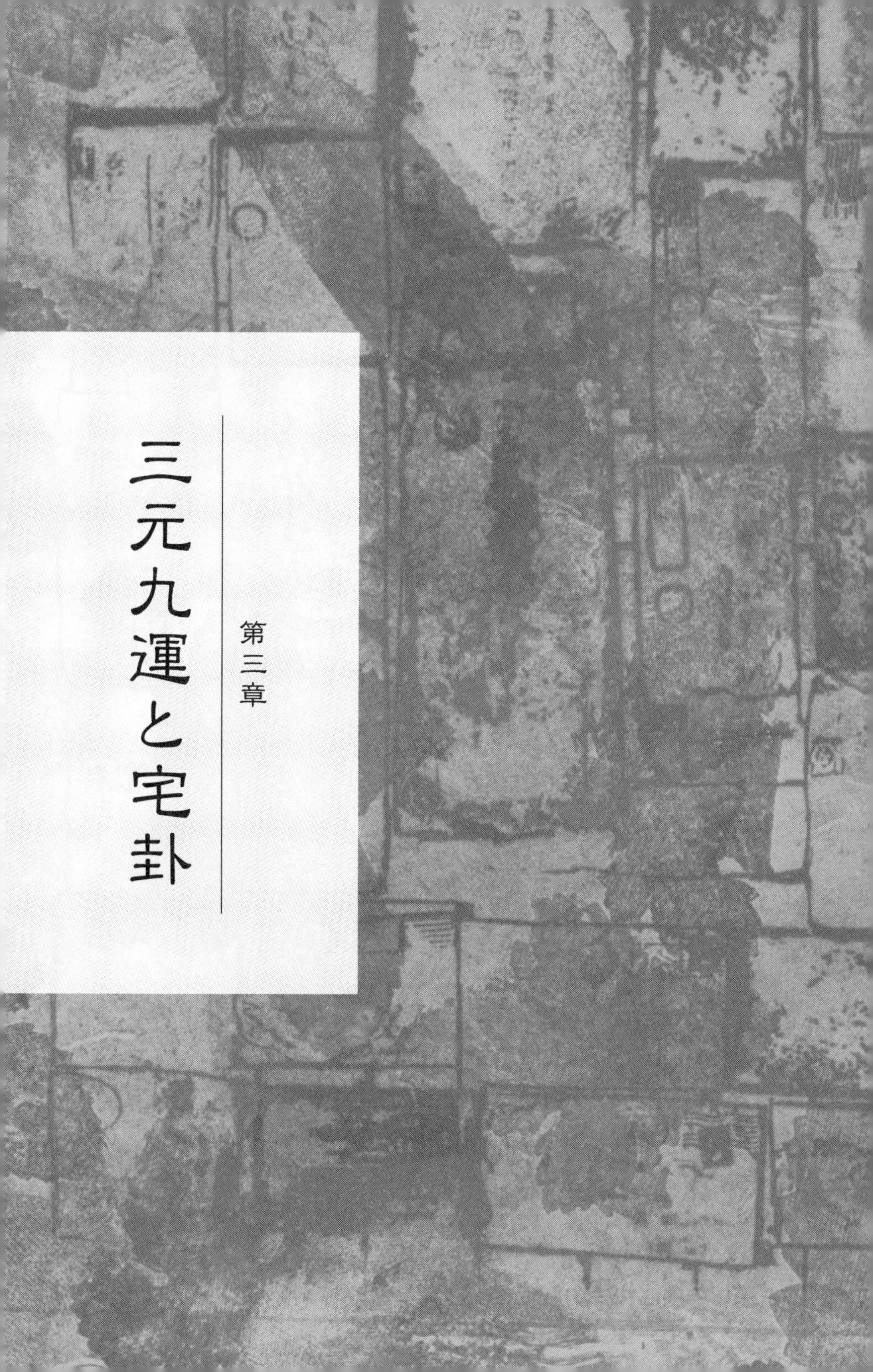

第三章

# 三元九運と宅卦

# 一　三元九運とは

第一章で学んだ「龍脈」には１８０年周期の活同期と停滞期があります。三合派（玄空派）の多くは先天八卦と後天八卦を基に１８０年になる「両元八運」といわれる周期を用いますが、玄空飛星派は20年×９期で１８０年となる「三元九運」といわれる周期を用います。都市や国家の盛衰は、この龍脈の活動時期が関わっており、これを「龍運」といいます。世界の優れた都市は幾つもの龍脈が流れ込み、常にいずれかの龍脈が龍運を受けることにより長く繁栄することができます。東京もその一つだといわれています。

当然のことながら陽宅も龍運の影響下にあります。本書は玄空飛星を学びますので三元九運を用います。

## 二　干支暦

風水のみならず、その中国占術は60年1巡の干支暦という暦を使用します。ここでは干支暦がどのようにできているのかを説明します。

干支は「干支《かんし》」ともいい、十干と十二支を合わせたものです。２０２１年の干支は辛丑になります。

日常会話で「あなたの干支は？」と聞かれると「申です」と答えているのをよく耳にしますが、それは間違いです。申だけでは十二支を答えているにすぎません。十干と十二支があって干支《えと》となります。

先ずは十干を説明します。十干は五行（木火土金水）をそれぞれ陽と陰に分けて十個にしたものです。この時、陽は兄「え」、陰は「と」とします。干支の「えと」という読み方はここから来ました。

五行木の兄は「きのえ」弟は「きのと」と呼んでいきます。それを漢字で表すと「甲」と「乙」になります。

この要領で、残りの火土金水に兄弟《えと》をつけていきます。「ひのえ」丙、「ひのと」丁、「つちのえ」戊、「つちのと」己、「かのえ」庚、「かのと」辛、「みずのえ」壬、「みずのと」癸。

甲乙丙丁戊己庚辛壬癸となります。

兄は陽ですので、甲丙戊庚壬は陽です。

弟は陰ですので、乙丁己辛癸は陰です。

| | | | |
|---|---|---|---|
| 木（き） | 兄 え —— | 甲 | きのえ |
| | 弟 と —— | 乙 | きのと |
| 火（ひ） | 兄 え —— | 丙 | ひのえ |
| | 弟 と —— | 丁 | ひのと |
| 土（つち） | 兄 え —— | 戊 | つちのえ |
| | 弟 と —— | 己 | つちのと |
| 金（か） | 兄 え —— | 甲 | きのえ |
| | 弟 と —— | 辛 | かのと |
| 水（みず） | 兄 え —— | 壬 | みずのえ |
| | 弟 と —— | 癸 | みずのと |

十二支はご存じの通り、子丑寅卯辰巳午未申酉戌亥です。

十二支も陰陽に分けます。

陽　子寅辰午申戌
陰　丑卯巳未酉亥

干支は十干の陽は十二支の陽と、十干の陰は十二支の陰とのみ組み合わさりますので、（5×6）×2＝60　通りができます。

「甲子」から始まり「癸亥」で一巡します。

「還暦のお祝い」の還暦とは十干十二支が一巡（60年）したことをいいます。生まれた年の干支がまた巡ってきたということで、もう一回生まれたとして「赤ちゃん」に準《なずら》えて赤いチャンチャンコを着る風習があるのです。

十二支も五行がありますので、一緒に覚えておくといいでしょう。

亥子（水）
寅卯（木）
巳午（火）
申酉（金）
丑辰未戌（土）

ちなみに、干支は年だけでなく月にも日にも時間にもあります。60年×12か月×60日×12時間で51万８４００通りあります。月と時間が12になる理由は、年と日の干支の組合わせに対して宛が割られる干支が決まっているので、60×60とはならないのです。

例えば２０２２年の年干支辛丑の場合は、壬寅月から始まり癸丑で終わると決まっています。

## 三　三元九運の算出法

それでは第二項で学んだ干支暦60年を20年ごとに上元・中元・下元と分けて、それぞれ60年単位を1セットとしたものを三回繰り返して180年1周期とします。これが三元九運です。
さらに上中下の元運を20年ごとに分けます。

上元60年
上元甲子〜癸未の20年　一白水運
中元甲申〜癸卯の20年　二黒土運
下元甲辰〜癸亥の20年　三碧木運

中元60年
上元甲子~癸未の20年　四緑木運
中元甲申~癸卯の20年　五黄土運
下元甲辰~癸亥の20年　六白金運

下元60年
上元甲子~癸未の20年　七赤金運
中元甲申~癸卯の20年　八白土運
下元甲辰~癸亥の20年　九紫火運

干支暦と１８０１８０年周期は夏王朝の紀元前２２７６年前から始まっており、現在の２０２１年は２００４年から始まった下元八白土運になります。

（左図は下限60年）

| | | | | 2月 | | 3月 | | 4月 | | 5月 | | 6月 | | 7月 | | 8月 | | 9月 | | 10月 | | 11月 | | 12月 | | 1月 | |
|---|---|---|---|---|---|---|---|---|---|---|---|---|---|---|---|---|---|---|---|---|---|---|---|---|---|---|---|
| | | [illegible] | | 寅 | | 丑 | | 寅 | | 卯 | | 辰 | | 巳 | | 午 | | 未 | | 申 | | 酉 | | 戌 | | 亥 | |
| 7運 | 1984 | 甲 | 子 | 丙 | 寅 | 丁 | 卯 | 戊 | 辰 | 己 | 巳 | 庚 | 午 | 辛 | 未 | 壬 | 申 | 癸 | 酉 | 甲 | 戌 | 乙 | 亥 | 丙 | 子 | 丁 | 丑 |
| | 1985 | 乙 | 丑 | 戊 | 寅 | 己 | 卯 | 庚 | 辰 | 辛 | 巳 | 壬 | 午 | 癸 | 未 | 甲 | 申 | 乙 | 酉 | 丙 | 戌 | 丁 | 亥 | 戊 | 子 | 己 | 丑 |
| | 1986 | 丙 | 寅 | 庚 | 寅 | 辛 | 卯 | 壬 | 辰 | 癸 | 巳 | 甲 | 午 | 乙 | 未 | 丙 | 申 | 丁 | 酉 | 戊 | 戌 | 己 | 亥 | 庚 | 子 | 辛 | 丑 |
| | 1987 | 丁 | 卯 | 壬 | 寅 | 癸 | 卯 | 甲 | 辰 | 乙 | 巳 | 丙 | 午 | 丁 | 未 | 戊 | 申 | 己 | 酉 | 庚 | 戌 | 辛 | 亥 | 壬 | 子 | 癸 | 丑 |
| | 1988 | 戊 | 辰 | 甲 | 寅 | 乙 | 卯 | 丙 | 辰 | 丁 | 巳 | 戊 | 午 | 己 | 未 | 庚 | 申 | 辛 | 酉 | 壬 | 戌 | 癸 | 亥 | 甲 | 子 | 乙 | 丑 |
| | 1989 | 己 | 巳 | 丙 | 寅 | 丁 | 卯 | 戊 | 辰 | 己 | 巳 | 庚 | 午 | 辛 | 未 | 壬 | 申 | 癸 | 酉 | 甲 | 戌 | 乙 | 亥 | 丙 | 子 | 丁 | 丑 |
| | 1990 | 庚 | 午 | 戊 | 寅 | 己 | 卯 | 庚 | 辰 | 辛 | 巳 | 壬 | 午 | 癸 | 未 | 甲 | 申 | 乙 | 酉 | 丙 | 戌 | 丁 | 亥 | 戊 | 子 | 己 | 丑 |
| | 1991 | 辛 | 未 | 庚 | 寅 | 辛 | 卯 | 壬 | 辰 | 癸 | 巳 | 甲 | 午 | 乙 | 未 | 丙 | 申 | 丁 | 酉 | 戊 | 戌 | 己 | 亥 | 庚 | 子 | 辛 | 丑 |
| | 1992 | 壬 | 申 | 壬 | 寅 | 癸 | 卯 | 甲 | 辰 | 乙 | 巳 | 丙 | 午 | 丁 | 未 | 戊 | 申 | 己 | 酉 | 庚 | 戌 | 辛 | 亥 | 壬 | 子 | 癸 | 丑 |
| | 1993 | 癸 | 酉 | 甲 | 寅 | 乙 | 卯 | 丙 | 辰 | 丁 | 巳 | 戊 | 午 | 己 | 未 | 庚 | 申 | 辛 | 酉 | 壬 | 戌 | 癸 | 亥 | 甲 | 子 | 乙 | 丑 |
| | 1994 | 甲 | 戌 | 丙 | 寅 | 丁 | 卯 | 戊 | 辰 | 己 | 巳 | 庚 | 午 | 辛 | 未 | 壬 | 申 | 癸 | 酉 | 甲 | 戌 | 乙 | 亥 | 丙 | 子 | 丁 | 丑 |
| | 1995 | 乙 | 亥 | 戊 | 寅 | 己 | 卯 | 庚 | 辰 | 辛 | 巳 | 壬 | 午 | 癸 | 未 | 甲 | 申 | 乙 | 酉 | 丙 | 戌 | 丁 | 亥 | 戊 | 子 | 己 | 丑 |
| | 1996 | 丙 | 子 | 庚 | 寅 | 辛 | 卯 | 壬 | 辰 | 癸 | 巳 | 甲 | 午 | 乙 | 未 | 丙 | 申 | 丁 | 酉 | 戊 | 戌 | 己 | 亥 | 庚 | 子 | 辛 | 丑 |
| | 1997 | 丁 | 丑 | 壬 | 寅 | 癸 | 卯 | 甲 | 辰 | 乙 | 巳 | 丙 | 午 | 丁 | 未 | 戊 | 申 | 己 | 酉 | 庚 | 戌 | 辛 | 亥 | 壬 | 子 | 癸 | 丑 |
| | 1998 | 戊 | 寅 | 甲 | 寅 | 乙 | 卯 | 丙 | 辰 | 丁 | 巳 | 戊 | 午 | 己 | 未 | 庚 | 申 | 辛 | 酉 | 壬 | 戌 | 癸 | 亥 | 甲 | 子 | 乙 | 丑 |
| | 1999 | 己 | 卯 | 丙 | 寅 | 丁 | 卯 | 戊 | 辰 | 己 | 巳 | 庚 | 午 | 辛 | 未 | 壬 | 申 | 癸 | 酉 | 甲 | 戌 | 乙 | 亥 | 丙 | 子 | 丁 | 丑 |
| | 2000 | 庚 | 辰 | 戊 | 寅 | 己 | 卯 | 庚 | 辰 | 辛 | 巳 | 壬 | 午 | 癸 | 未 | 甲 | 申 | 乙 | 酉 | 丙 | 戌 | 丁 | 亥 | 戊 | 子 | 己 | 丑 |
| | 2001 | 辛 | 巳 | 庚 | 寅 | 辛 | 卯 | 壬 | 辰 | 癸 | 巳 | 甲 | 午 | 乙 | 未 | 丙 | 申 | 丁 | 酉 | 戊 | 戌 | 己 | 亥 | 庚 | 子 | 辛 | 丑 |
| | 2002 | 壬 | 午 | 壬 | 寅 | 癸 | 卯 | 甲 | 辰 | 乙 | 巳 | 丙 | 午 | 丁 | 未 | 戊 | 申 | 己 | 酉 | 庚 | 戌 | 辛 | 亥 | 壬 | 子 | 癸 | 丑 |
| | 2003 | 癸 | 未 | 甲 | 寅 | 乙 | 卯 | 丙 | 辰 | 丁 | 巳 | 戊 | 午 | 己 | 未 | 庚 | 申 | 辛 | 酉 | 壬 | 戌 | 癸 | 亥 | 甲 | 子 | 乙 | 丑 |
| 8運 | 2004 | 甲 | 申 | 丙 | 寅 | 丁 | 卯 | 戊 | 辰 | 己 | 巳 | 庚 | 午 | 辛 | 未 | 壬 | 申 | 癸 | 酉 | 甲 | 戌 | 乙 | 亥 | 丙 | 子 | 丁 | 丑 |
| | 2005 | 乙 | 酉 | 戊 | 寅 | 己 | 卯 | 庚 | 辰 | 辛 | 巳 | 壬 | 午 | 癸 | 未 | 甲 | 申 | 乙 | 酉 | 丙 | 戌 | 丁 | 亥 | 戊 | 子 | 己 | 丑 |
| | 2006 | 丙 | 戌 | 庚 | 寅 | 辛 | 卯 | 壬 | 辰 | 癸 | 巳 | 甲 | 午 | 乙 | 未 | 丙 | 申 | 丁 | 酉 | 戊 | 戌 | 己 | 亥 | 庚 | 子 | 辛 | 丑 |
| | 2007 | 丁 | 亥 | 壬 | 寅 | 癸 | 卯 | 甲 | 辰 | 乙 | 巳 | 丙 | 午 | 丁 | 未 | 戊 | 申 | 己 | 酉 | 庚 | 戌 | 辛 | 亥 | 壬 | 子 | 癸 | 丑 |
| | 2008 | 戊 | 子 | 甲 | 寅 | 乙 | 卯 | 丙 | 辰 | 丁 | 巳 | 戊 | 午 | 己 | 未 | 庚 | 申 | 辛 | 酉 | 壬 | 戌 | 癸 | 亥 | 甲 | 子 | 乙 | 丑 |
| | 2009 | 己 | 丑 | 丙 | 寅 | 丁 | 卯 | 戊 | 辰 | 己 | 巳 | 庚 | 午 | 辛 | 未 | 壬 | 申 | 癸 | 酉 | 甲 | 戌 | 乙 | 亥 | 丙 | 子 | 丁 | 丑 |
| | 2010 | 庚 | 寅 | 戊 | 寅 | 己 | 卯 | 庚 | 辰 | 辛 | 巳 | 壬 | 午 | 癸 | 未 | 甲 | 申 | 乙 | 酉 | 丙 | 戌 | 丁 | 亥 | 戊 | 子 | 己 | 丑 |
| | 2011 | 辛 | 卯 | 庚 | 寅 | 辛 | 卯 | 壬 | 辰 | 癸 | 巳 | 甲 | 午 | 乙 | 未 | 丙 | 申 | 丁 | 酉 | 戊 | 戌 | 己 | 亥 | 庚 | 子 | 辛 | 丑 |
| | 2012 | 壬 | 辰 | 壬 | 寅 | 癸 | 卯 | 甲 | 辰 | 乙 | 巳 | 丙 | 午 | 丁 | 未 | 戊 | 申 | 己 | 酉 | 庚 | 戌 | 辛 | 亥 | 壬 | 子 | 癸 | 丑 |
| | 2013 | 癸 | 巳 | 甲 | 寅 | 乙 | 卯 | 丙 | 辰 | 丁 | 巳 | 戊 | 午 | 己 | 未 | 庚 | 申 | 辛 | 酉 | 壬 | 戌 | 癸 | 亥 | 甲 | 子 | 乙 | 丑 |
| | 2014 | 甲 | 午 | 丙 | 寅 | 丁 | 卯 | 戊 | 辰 | 己 | 巳 | 庚 | 午 | 辛 | 未 | 壬 | 申 | 癸 | 酉 | 甲 | 戌 | 乙 | 亥 | 丙 | 子 | 丁 | 丑 |
| | 2015 | 乙 | 未 | 戊 | 寅 | 己 | 卯 | 庚 | 辰 | 辛 | 巳 | 壬 | 午 | 癸 | 未 | 甲 | 申 | 乙 | 酉 | 丙 | 戌 | 丁 | 亥 | 戊 | 子 | 己 | 丑 |
| | 2016 | 丙 | 申 | 庚 | 寅 | 辛 | 卯 | 壬 | 辰 | 癸 | 巳 | 甲 | 午 | 乙 | 未 | 丙 | 申 | 丁 | 酉 | 戊 | 戌 | 己 | 亥 | 庚 | 子 | 辛 | 丑 |
| | 2017 | 丁 | 酉 | 壬 | 寅 | 癸 | 卯 | 甲 | 辰 | 乙 | 巳 | 丙 | 午 | 丁 | 未 | 戊 | 申 | 己 | 酉 | 庚 | 戌 | 辛 | 亥 | 壬 | 子 | 癸 | 丑 |
| | 2018 | 戊 | 戌 | 甲 | 寅 | 乙 | 卯 | 丙 | 辰 | 丁 | 巳 | 戊 | 午 | 己 | 未 | 庚 | 申 | 辛 | 酉 | 壬 | 戌 | 癸 | 亥 | 甲 | 子 | 乙 | 丑 |
| | 2019 | 己 | 亥 | 丙 | 寅 | 丁 | 卯 | 戊 | 辰 | 己 | 巳 | 庚 | 午 | 辛 | 未 | 壬 | 申 | 癸 | 酉 | 甲 | 戌 | 乙 | 亥 | 丙 | 子 | 丁 | 丑 |
| | 2020 | 庚 | 子 | 戊 | 寅 | 己 | 卯 | 庚 | 辰 | 辛 | 巳 | 壬 | 午 | 癸 | 未 | 甲 | 申 | 乙 | 酉 | 丙 | 戌 | 丁 | 亥 | 戊 | 子 | 己 | 丑 |
| | 2021 | 辛 | 丑 | 庚 | 寅 | 辛 | 卯 | 壬 | 辰 | 癸 | 巳 | 甲 | 午 | 乙 | 未 | 丙 | 申 | 丁 | 酉 | 戊 | 戌 | 己 | 亥 | 庚 | 子 | 辛 | 丑 |
| | 2022 | 壬 | 寅 | 壬 | 寅 | 癸 | 卯 | 甲 | 辰 | 乙 | 巳 | 丙 | 午 | 丁 | 未 | 戊 | 申 | 己 | 酉 | 庚 | 戌 | 辛 | 亥 | 壬 | 子 | 癸 | 丑 |
| | 2023 | 癸 | 卯 | 甲 | 寅 | 乙 | 卯 | 丙 | 辰 | 丁 | 巳 | 戊 | 午 | 己 | 未 | 庚 | 申 | 辛 | 酉 | 壬 | 戌 | 癸 | 亥 | 甲 | 子 | 乙 | 丑 |
| 9運 | 2024 | 甲 | 辰 | 丙 | 寅 | 丁 | 卯 | 戊 | 辰 | 己 | 巳 | 庚 | 午 | 辛 | 未 | 壬 | 申 | 癸 | 酉 | 甲 | 戌 | 乙 | 亥 | 丙 | 子 | 丁 | 丑 |
| | 2025 | 乙 | 巳 | 戊 | 寅 | 己 | 卯 | 庚 | 辰 | 辛 | 巳 | 壬 | 午 | 癸 | 未 | 甲 | 申 | 乙 | 酉 | 丙 | 戌 | 丁 | 亥 | 戊 | 子 | 己 | 丑 |
| | 2026 | 丙 | 午 | 庚 | 寅 | 辛 | 卯 | 壬 | 辰 | 癸 | 巳 | 甲 | 午 | 乙 | 未 | 丙 | 申 | 丁 | 酉 | 戊 | 戌 | 己 | 亥 | 庚 | 子 | 辛 | 丑 |
| | 2027 | 丁 | 未 | 壬 | 寅 | 癸 | 卯 | 甲 | 辰 | 乙 | 巳 | 丙 | 午 | 丁 | 未 | 戊 | 申 | 己 | 酉 | 庚 | 戌 | 辛 | 亥 | 壬 | 子 | 癸 | 丑 |
| | 2028 | 戊 | 申 | 甲 | 寅 | 乙 | 卯 | 丙 | 辰 | 丁 | 巳 | 戊 | 午 | 己 | 未 | 庚 | 申 | 辛 | 酉 | 壬 | 戌 | 癸 | 亥 | 甲 | 子 | 乙 | 丑 |
| | 2029 | 己 | 酉 | 丙 | 寅 | 丁 | 卯 | 戊 | 辰 | 己 | 巳 | 庚 | 午 | 辛 | 未 | 壬 | 申 | 癸 | 酉 | 甲 | 戌 | 乙 | 亥 | 丙 | 子 | 丁 | 丑 |
| | 2030 | 庚 | 戌 | 戊 | 寅 | 己 | 卯 | 庚 | 辰 | 辛 | 巳 | 壬 | 午 | 癸 | 未 | 甲 | 申 | 乙 | 酉 | 丙 | 戌 | 丁 | 亥 | 戊 | 子 | 己 | 丑 |
| | 2031 | 辛 | 亥 | 庚 | 寅 | 辛 | 卯 | 壬 | 辰 | 癸 | 巳 | 甲 | 午 | 乙 | 未 | 丙 | 申 | 丁 | 酉 | 戊 | 戌 | 己 | 亥 | 庚 | 子 | 辛 | 丑 |
| | 2032 | 壬 | 子 | 壬 | 寅 | 癸 | 卯 | 甲 | 辰 | 乙 | 巳 | 丙 | 午 | 丁 | 未 | 戊 | 申 | 己 | 酉 | 庚 | 戌 | 辛 | 亥 | 壬 | 子 | 癸 | 丑 |
| | 2033 | 癸 | 丑 | 甲 | 寅 | 乙 | 卯 | 丙 | 辰 | 丁 | 巳 | 戊 | 午 | 己 | 未 | 庚 | 申 | 辛 | 酉 | 壬 | 戌 | 癸 | 亥 | 甲 | 子 | 乙 | 丑 |
| | 2034 | 甲 | 寅 | 丙 | 寅 | 丁 | 卯 | 戊 | 辰 | 己 | 巳 | 庚 | 午 | 辛 | 未 | 壬 | 申 | 癸 | 酉 | 甲 | 戌 | 乙 | 亥 | 丙 | 子 | 丁 | 丑 |
| | 2035 | 乙 | 卯 | 戊 | 寅 | 己 | 卯 | 庚 | 辰 | 辛 | 巳 | 壬 | 午 | 癸 | 未 | 甲 | 申 | 乙 | 酉 | 丙 | 戌 | 丁 | 亥 | 戊 | 子 | 己 | 丑 |
| | 2036 | 丙 | 辰 | 庚 | 寅 | 辛 | 卯 | 壬 | 辰 | 癸 | 巳 | 甲 | 午 | 乙 | 未 | 丙 | 申 | 丁 | 酉 | 戊 | 戌 | 己 | 亥 | 庚 | 子 | 辛 | 丑 |
| | 2037 | 丁 | 巳 | 壬 | 寅 | 癸 | 卯 | 甲 | 辰 | 乙 | 巳 | 丙 | 午 | 丁 | 未 | 戊 | 申 | 己 | 酉 | 庚 | 戌 | 辛 | 亥 | 壬 | 子 | 癸 | 丑 |
| | 2038 | 戊 | 午 | 甲 | 寅 | 乙 | 卯 | 丙 | 辰 | 丁 | 巳 | 戊 | 午 | 己 | 未 | 庚 | 申 | 辛 | 酉 | 壬 | 戌 | 癸 | 亥 | 甲 | 子 | 乙 | 丑 |
| | 2039 | 己 | 未 | 丙 | 寅 | 丁 | 卯 | 戊 | 辰 | 己 | 巳 | 庚 | 午 | 辛 | 未 | 壬 | 申 | 癸 | 酉 | 甲 | 戌 | 乙 | 亥 | 丙 | 子 | 丁 | 丑 |
| | 2040 | 庚 | 申 | 戊 | 寅 | 己 | 卯 | 庚 | 辰 | 辛 | 巳 | 壬 | 午 | 癸 | 未 | 甲 | 申 | 乙 | 酉 | 丙 | 戌 | 丁 | 亥 | 戊 | 子 | 己 | 丑 |
| | 2041 | 辛 | 酉 | 庚 | 寅 | 辛 | 卯 | 壬 | 辰 | 癸 | 巳 | 甲 | 午 | 乙 | 未 | 丙 | 申 | 丁 | 酉 | 戊 | 戌 | 己 | 亥 | 庚 | 子 | 辛 | 丑 |
| | 2042 | 壬 | 戌 | 壬 | 寅 | 癸 | 卯 | 甲 | 辰 | 乙 | 巳 | 丙 | 午 | 丁 | 未 | 戊 | 申 | 己 | 酉 | 庚 | 戌 | 辛 | 亥 | 壬 | 子 | 癸 | 丑 |
| | 2043 | 癸 | 亥 | 甲 | 寅 | 乙 | 卯 | 丙 | 辰 | 丁 | 巳 | 戊 | 午 | 己 | 未 | 庚 | 申 | 辛 | 酉 | 壬 | 戌 | 癸 | 亥 | 甲 | 子 | 乙 | 丑 |

## 四

# 三元九運と宅卦の関係

以下に三元九運と宅卦の関係をまとめてみました。実際の鑑定においては、あまり重要視しません。

### 生気…運が宅卦を生じる。健康に恵まれ地位が向上する。

一白水運　震宅・巽宅
二黒土運　乾宅・兌宅
三碧木運　離宅
四緑木運　離宅
六白金運　坎宅
七赤金運　坎宅

八白土運　乾宅・兌宅
九紫火運　坤宅・艮宅

---

旺気…運が宅卦が比和。
　財に恵まれ発展する。

一白水運　坎宅
二黒土運　坤宅・艮宅
三碧木運　震宅・巽宅
四緑木運　震宅・巽宅
六白金運　乾宅・兌宅
七赤金運　乾宅・兌宅
八白土運　坤宅・艮宅
九紫火運　離宅

退気…宅卦が運に洩れる。
健康を損ないやすい。

一白水運　乾宅・兌宅
二黒土運　離宅
三碧木運　坎宅
四緑木運　坎宅
六白金運　坤宅・艮宅
七赤金運　坤宅・艮宅
八白土運　離宅
九紫火運　震宅・巽宅

殺気…運が宅卦を剋する。
思いがけぬ災いや事故等に遭いやすい。

一白水運　離宅
二黒土運　坎宅
三碧木運　坤宅・艮宅
四緑木運　坤宅・艮宅
六白金運　震宅・巽宅
七赤金運　震宅・巽宅
八白土運　坎宅
九紫火運　兌宅・乾宅

●――●
死気…宅卦が運を剋する。
半吉・半凶

一白水運　坤宅・艮宅
二黒土運　震宅・巽宅

三碧木運　兌宅・乾宅
四緑木運　兌宅・乾宅
六白金運　離宅
七赤金運　離宅
八白土運　震宅・巽宅
九紫火運　坎宅

## 五　元運と旺衰

次章で学ぶ玄空飛星は元運と九星の間で次の表のような吉凶の法則があります。

原則として元運の九星の数が旺、その次の数が生となります。

例えば、現在は8運なので、8が旺、9が生です。1は元々吉数なので、現在は9が生じている数なので吉としています。

実際のところ玄空飛星が脚光を浴びてから180年経っていないので、上・中元の1〜6運時がどうだったのか分からないのですが、7〜8運の40年の鑑定実例をみても、1、6、4は凶意が出ていないので、表の通りの吉凶になると思われます。私が行ってきた鑑定でも同様です。この数字の吉

| | | 一白 | 二黒 | 三碧 | 四緑 | 五黄 | 六白 | 七赤 | 八白 | 九紫 |
|---|---|---|---|---|---|---|---|---|---|---|
| 一 | 運 | ◎ | ◎ | × | △ | × | △ | × | △ | × |
| 二 | 運 | △ | ◎ | ◎ | △ | × | △ | × | △ | × |
| 三 | 運 | △ | × | ◎ | ◎ | × | △ | × | △ | × |
| 四 | 運 | △ | × | × | ◎ | ◎ | △ | × | △ | × |
| 五 | 運 | △ | × | × | △ | ◎ | ◎ | × | △ | × |
| 六 | 運 | △ | × | × | △ | × | ◎ | ◎ | △ | × |
| 七 | 運 | △ | × | × | △ | × | △ | ◎ | ◎ | × |
| 八 | 運 | ○ | × | × | △ | × | △ | × | ◎ | ◎ |
| 九 | 運 | ◎ | × | × | △ | × | △ | × | ○〜△ | ◎ |

凶は第一章で書いた通り、２、５、７が最大凶、３が凶、１、６、８、４が吉です。

７に関しては１９８４～２００３年の７運時は旺でしたが、２００４年に８運に入って途端に凶意を発揮しましたので、元々の数字の吉凶は正しいものと考えます。

この旺衰は玄空飛星派の中でも考え方が様々ありまして同じではありません。

無常派での旺衰を参考までに掲載しておきます。

無常派・談養吾

| | | 一白 | 二黒 | 三碧 | 四緑 | 五黄 | 六白 | 七赤 | 八白 | 九紫 |
|---|---|---|---|---|---|---|---|---|---|---|
| 一 | 運 | 旺 | 生 | 衰 | 死 | 死 | 吉 | 死 | 吉 | 零 |
| 二 | 運 | 衰 | 旺 | 生 | 衰 | 死 | 吉 | 死 | 零 | 衰 |
| 三 | 運 | 衰 | 衰 | 旺 | 生 | 衰 | 吉 | 零 | 吉 | 死 |
| 四 | 運 | 吉 | 衰 | 衰 | 旺 | 生 | 零 | 死 | 吉 | 死 |
| 五 | 運 | 吉 | 死 | 衰 | 衰 | 旺 | 生 | 衰 | 吉 | 死 |
| 六 | 運 | 吉 | 死 | 死 | 零 | 衰 | 旺 | 生 | 吉 | 衰 |
| 七 | 運 | 吉 | 死 | 零 | 衰 | 衰 | 衰 | 旺 | 生 | 衰 |
| 八 | 運 | 吉 | 零 | 死 | 死 | 死 | 衰 | 衰 | 旺 | 生 |
| 九 | 運 | 生 | 衰 | 死 | 死 | 死 | 吉 | 死 | 吉 | 旺 |

# 六　両元八運

両元八運とは1～4運、6～9運をそれぞれ90年として180年一周期とする考え方です。

元運の数を後天位で配置し、先天八卦の定位と重ねます。

例えば8運は後天定位で艮宮ですが、先天定位では震になります（第一章第十一項参照）。震は初爻陽（＋）中爻陰（－）上爻陰（－）なので9＋6＋6＝21年間となります。

三元九運とは始まりの年と終わりの年は一緒になるのですが、途中、運の切り替わりの年が異なります。直近では2017年に両元八運の8運が終わり9運に突入したので、その直前の時期に風水研究家

両元八運

| 元運 | | 先天八卦 | 初爻 | 中爻 | 上爻 | | | | 年数 | 初年 | 終年 |
|---|---|---|---|---|---|---|---|---|---|---|---|
| 上 | 一　運 | 坤 | － | － | － | 6 | 6 | 6 | 18 | 1864 | 1881 |
| | 二　運 | 巽 | － | ＋ | ＋ | 6 | 9 | 9 | 24 | 1882 | 1905 |
| | 三　運 | 離 | ＋ | － | ＋ | 9 | 6 | 9 | 24 | 1906 | 1929 |
| | 四　運 | 兌 | ＋ | ＋ | － | 9 | 9 | 6 | 24 | 1930 | 1953 |
| 下 | 六　運 | 艮 | － | － | ＋ | 6 | 6 | 9 | 21 | 1954 | 1974 |
| | 七　運 | 坎 | － | ＋ | － | 6 | 9 | 6 | 21 | 1975 | 1995 |
| | 八　運 | 震 | ＋ | － | － | 9 | 6 | 6 | 21 | 1996 | 2016 |
| | 九　運 | 乾 | ＋ | ＋ | ＋ | 9 | 9 | 9 | 27 | 2017 | 2043 |
| | | | | | | | | | 180 | | |

の間では結構話題になっておりました。結論からいうと、玄空六法という看法において、その流派のロジック上の変化がみられました。やはりこれはこれで実用できる考え方であることが分かりました。

第四章

# 玄空飛星

# 一　玄空派とは

玄空派は別名を「三元派」といいます。開祖は楊救貧です。楊救貧は三合派の開祖でもあります。楊氏の真伝は無極子なる人物へ密かに伝承され、これを蒋大鴻へ伝承されたとされています。蒋氏は楊救貧や曽文辿の著書に注釈を加えた『地理弁正』という書を残します。玄空派は、この地理弁正に基づく流派です。

しかし地理弁正は読んだだけでは理解しづらい内容で、その後の研究者達の解釈の違いによって多くの流派に分かれました。清代には無常派、上虞派、真南派、蘇州派、湘楚派、広東（三星派）の六代流派があったとされています。この他にも六法派、蓮城派、大玄空派、可洛派等大小合わせて百以上の流派があるといわれています。

最も普及しているのは無常派です。無常派は無錫州と常集と地方で流行したところから名付けられ、別名「玄空飛星派」といわれています。開祖は章仲山です。章氏は『地理弁正』に姜尭による注釈が加えられたものに、さらに自らの注釈を加えた『地理弁正直解』を残しました。

ちなみに、玄空飛星は現在風水の主流のようにいわれて普及していますが、風水のロジックから鑑みるに玄空飛星が他の流派とは違う特別な見解を示しています。

上虞派の張心言の系統は玄空大卦派といわれています。近年、台湾の曽子南等により広がった流派です。

## 二 玄空派の特徴

玄空の「玄」は時間を、「空」は空間を表します。玄空派は時間の経過によって移り変わる方位の空間の吉凶を判断します。

玄空派にとって時間の概念は大変に重要です。先に学んだ八宅派の吉凶が不変的であることとは大きな違いがあります。

玄空飛星派に限ると三元九運を用います。

## 三 フライングスター

玄空飛星はアメリカでも普及しており、「フライングスター」等といわれています。フライングスターを直訳すると「飛んでいる星」になりますが、これでは玄空飛星の本質は表現できていません。

飛星の「飛」は、飛泊の意味で、星は九星のことです。さらに加えると、玄空飛星は九星を幾重にも飛泊させ使います。九星の並びは「挨星」といいます。玄空飛星は時とともに変化していく挨星の吉凶の移り変わりを読み解く術なので、玄空飛星を英訳するならば「リード・トゥ・フライ・ザ・ナインスターズ」が正解でしょう。「フライングスター風水」という表現は間違いでかつ、玄空飛星の本質や理論があまりできてないと言わざるを得ません。

玄空飛星は時とともに変化していく挨星の吉凶の移り変わりを読み解く術なのです。

## 四 玄空飛星の欠陥

玄空飛星は、即効性が早く効果や影響も無視できないレベルにある、大変に優れた風水の技法だと思いますが、ロジック破綻している部分も幾つかあります。

また、玄空飛星は普及してからは、まだ百年位しか経っておらず、これから迎える9運、1運以降に何が起きるのか未検証段階の術です。日本で玄空飛星を普及させた第一人者である我が師黒門先生曰く、「まだ7運から8運に変わった時の現象しか確認できておらず、まだまだ検証段階と言わざるを得ない」と言わしめるほどです。

インターネット上で「玄空飛星は風水の最高の秘術」等と書かれているのを幾つか見ましたが、何を根拠にそういっているのか私には理解できません。

ただ、先述した通り、その効果は無視できないレベルにあることは確かです。しかし、玄空飛星単独で使用すると「住めない家」ばかりになってしまったり、説明できない現象が起こったり、問題解決ができなかったりしますので、八宅派の技法など他の占術と合わせ使用するべきで過信は危険です。

## 五　二十四山

玄空飛星では、方位を24分割した二十四山を用います。三元派と三合派では陰陽が異なります。ここで学ぶのは三元派の二十四山です。

次のように覚えます。

八方位は以下の通りです。

坤　酉　乾
午　　　子
巽　卯　艮

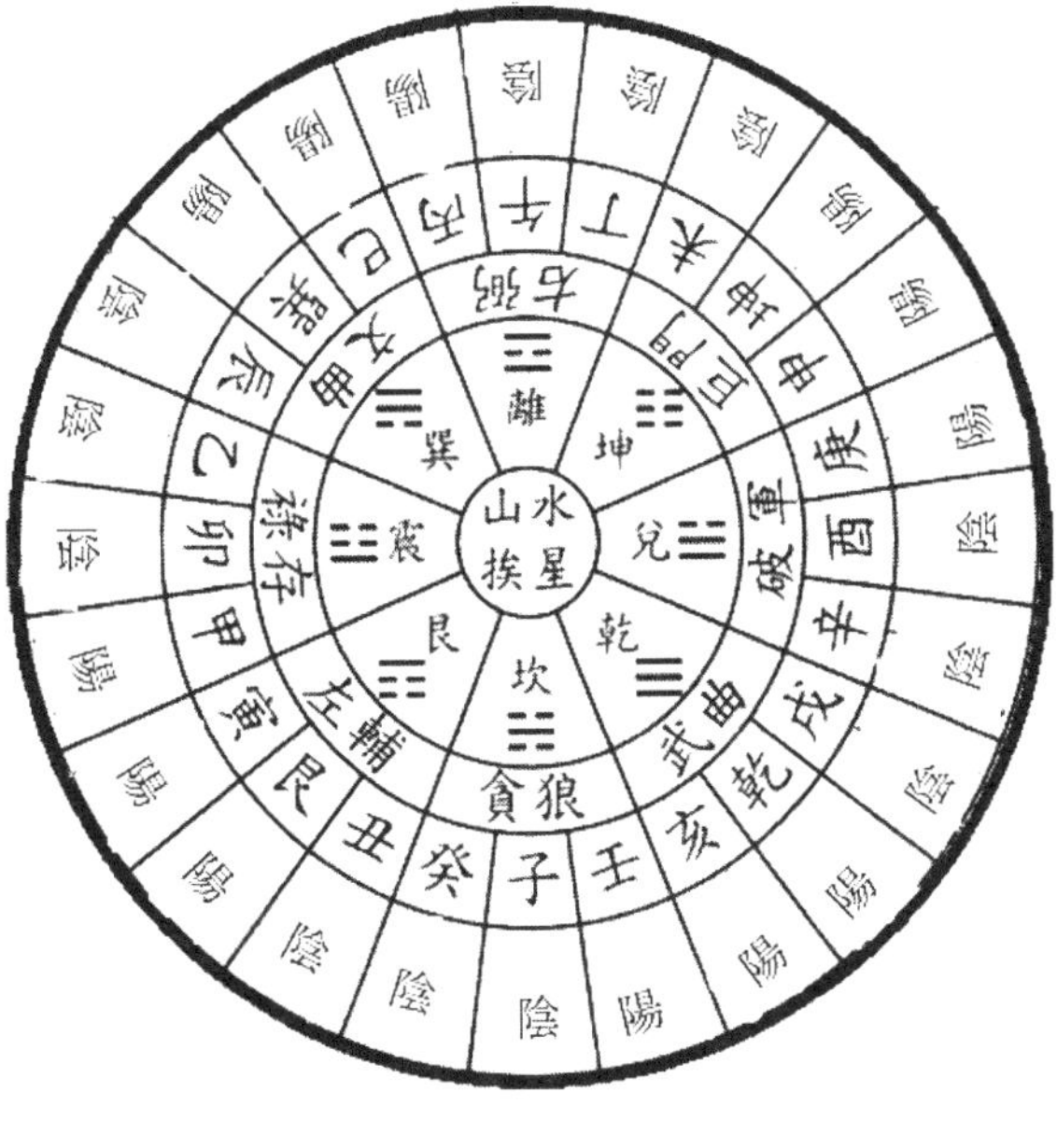

東南西北には卯午酉子の四桃花が座します。
南東、南西、北西、北東には九宮と同じで巽、坤、乾、艮が座します。この八つの方位の核を天元とします。天元の前を地元、天元の後ろを人元といいます。つまり八宮を地元、天元、人元の三つに分けて、24方位となります。

子の地元は壬　人元は癸
卯の地元は甲　人元は乙
午の地元は丙　人元は丁
酉を地元は庚　人元は辛
艮の地元は丑　人元は寅
巽の地元は辰　人元は巳、
坤の地元は未　人元は申
乾の地元は戌　人元は亥

次に二十四山の陰陽です。

東南西北方位の地元は陽、天元、人元は陰
巽坤乾艮方位の地元は陰、天元、人元は陽

## 六 定向論

第一章で、向を決めるのは難しい旨を記しましたが、玄空飛星では特に座向の決定が重要になりますので、ここで向に関して論じます。
向の決定に関しては、以下のような考え方があります。

以門定向
大門、門、玄関の向きを向とする。マンションはエントランスの向きを向とする説と、個別のドアを向とする説があります。

以道路定向
道路に接する方を向とする。複数の道路に接する場合、交通量の多い方を向とする。

以陽為向・以光定向
受光量の多い方を向とする。空気の出入りの多い方を向きとする。すなわち、ベランダ等の窓が沢山ある方向。また、陽気が多い方を向、陰気が多い方を座とする。

陽…動、水、向、無山観水
陰…静、山、座、有山観山

以碑定向
碑が向く方を向とする。

以面背定向
背後に大きな建物があれば、前が向になる。

以明堂定向
大きく開けた方を向とする。

以水定向
水のある方を向とする。

以神定向
神棚の向きを向とする。

向は風水の理気を定める上で最も重要な部分です。決め打ちで「これ」と決めてしまうのはとても粗暴で危険です。向によって理気が決まるのではなく、起こっている象状より「向」を決めるという柔軟な考え方が求められます。

私が鑑定してきた中では、各住居の玄関の向きが向となっているケースが多いですが、集合住宅の場合は、扉が右開き、左開きでかつエレベーター等昇降場がどちらにあるのかによって向は変わってしまいます。また、複数の出入り口がある建物の場合、同じ家に住んでいる人でも、侵入の仕方によって向は変わります。

ベランダ側を向に取ることに関して一般的な住環境においては極めて否定的です。座山の本質が静・重・高だということから考えれば、動きが伴う入り口が座で、動きがない静の部分が向と考えるのはおかしいということが分かります。実際の鑑定においても、ベランダが向になっていたことが全くありません。

しかし、理論的には家の目の前が渋谷駅のスクランブル交差点位、人や乗り物の横行が多い場合は、バランス的には窓側が「動」で入り口側の方が「静」になるので、窓側が向になることは否定できません。これも起きている事象から判断するしかありません。

## 七　玄空飛星の作盤

玄空飛星派では挨星法と呼ばれる盤を作成し、それを家の方位に当てはめて判断します。以下、順に一般的な手順を記載します。

① 該当する建物の設立年を調べ、それに該当する三元九運の年代を特定し元運盤を作成します。例えば、２０１０年に建てられていたのなら中宮に8をおいて、以後、飛泊させて元運盤を作成します。

| | | |
|---|---|---|
| 7 | 3 | 5 |
| 6 | 8 | 1 |
| 2 | 4 | 9 |

② 建物の座より、二十四山の陰陽を用いて座盤を作成します。例えば、8運中に建てられた建物で、座が北（坎）の場合は中宮に4が入り、そこから飛泊させます。この飛泊には順廻りと逆順廻りが存在します。順周りになるのは、中宮に入った数字の定位（4の場合は巽宮）

の陽位に当たった場合です。座が北だといっても二十四山では北（坎宮）は壬子癸と三分割されています。今回は子向として説明します。

子は北方位の天元に該当します。4の定位巽宮で天元は巽に該当します。子卯午酉が天元となる方位（東西南北）は「陰陽陽」、乾艮巽坤が天元となる方位では「陰陽陽」と陰陽が決められていますので、子は巽宮の巽の陰陽を用い「陽」となります。よって中宮4から順周りに飛泊させます。これで座盤の完成です。もし座が壬だった場合は陰で逆回りになります。

| | | |
|---|---|---|
| 3 | 8 | 1 |
| 2 | 4 | 6 |
| 7 | 9 | 5 |

二十四山の陰陽の配置を見ていただくと陽陰陰と陰陽陽の2パターンに分かれることが分かります。ということは、実際に作られる盤は24パターンではなく、16パターンとなることが分かります。本章第五項の二十四山の図に各方位の陰陽を記しておりますので、ご参照ください。

③座盤が完成しましたら、座の１８０度真逆の位置から向を求め、座盤と同じ手順で向盤を作成します。先ほどの続きを作成しますと、座が子でしたので、向は午になります。午方位は元運盤では３でしたので定位震宮の卯の陰陽を見ます。卯は陰ですので３を中宮において逆順廻りさせます。

④元運盤、座盤、向盤が完成しましたら、これの三つを合わせて挨星盤を完成させます。

通常、元運数は各宮の下中央に、座盤は各宮の左上に、向盤は各宮の右上に配置します。これで挨星盤の完成です。

| | | |
|---|---|---|
| 4 | 8 | 6 |
| 5 | 3 | 1 |
| 9 | 7 | 2 |

| | | |
|---|---|---|
| 3　4<br>9 | 8　8<br>4 | 1　6<br>2 |
| 2　5<br>1 | 4　3<br>8 | 6　1<br>6 |
| 7　9<br>5 | 9　7<br>3 | 5　2<br>7 |

丑向　未座

| | | |
|---|---|---|
| 6 3<br>9 | 1 7<br>4 | 8 5<br>2 |
| 7 4<br>1 | 5 2<br>8 | 3 9<br>6 |
| 2 8<br>5 | 9 6<br>3 | 4 1<br>7 |

艮向坤座・寅向申座

| | | |
|---|---|---|
| 4 1<br>9 | 9 6<br>4 | 2 8<br>2 |
| 3 9<br>1 | 5 2<br>8 | 7 4<br>6 |
| 8 5<br>5 | 1 7<br>3 | 6 3<br>7 |

辰向　戌座

| | | |
|---|---|---|
| 8 6<br>9 | 4 2<br>4 | 6 4<br>2 |
| 7 5<br>1 | 9 7<br>8 | 2 9<br>6 |
| 3 1<br>5 | 5 3<br>3 | 1 8<br>7 |

巽向乾座・巳向亥座

| | | |
|---|---|---|
| 1 8<br>9 | 5 3<br>4 | 3 1<br>2 |
| 2 9<br>1 | 9 7<br>8 | 7 5<br>6 |
| 6 4<br>5 | 4 2<br>3 | 8 6<br>7 |

未向　丑座

| | | |
|---|---|---|
| 3 6<br>9 | 7 1<br>4 | 5 8<br>2 |
| 4 7<br>1 | 2 5<br>8 | 9 3<br>6 |
| 8 2<br>5 | 6 9<br>3 | 1 4<br>7 |

坤向艮座・申向寅座

| | | |
|---|---|---|
| 1 4<br>9 | 6 9<br>4 | 8 2<br>2 |
| 9 3<br>1 | 2 5<br>8 | 4 7<br>6 |
| 5 8<br>5 | 7 1<br>3 | 3 6<br>7 |

戌向　辰座

| | | |
|---|---|---|
| 6 8<br>9 | 2 4<br>4 | 4 6<br>2 |
| 5 7<br>1 | 7 9<br>8 | 9 2<br>6 |
| 1 3<br>5 | 3 5<br>3 | 8 1<br>7 |

乾向巽座・亥向巳座

| | | |
|---|---|---|
| 8 1<br>9 | 3 5<br>4 | 1 3<br>2 |
| 9 2<br>1 | 7 9<br>8 | 5 7<br>6 |
| 4 6<br>5 | 2 4<br>3 | 6 8<br>7 |

壬向　丙座

| | | |
|---|---|---|
| 2 5<br>9 | 7 9<br>4 | 9 7<br>2 |
| 1 6<br>1 | 3 4<br>8 | 5 2<br>6 |
| 6 1<br>5 | 8 8<br>3 | 4 3<br>7 |

子向午座・癸向丁座

| | | |
|---|---|---|
| 4 3<br>9 | 8 8<br>4 | 6 1<br>2 |
| 5 2<br>1 | 3 4<br>8 | 1 6<br>6 |
| 9 7<br>5 | 7 9<br>3 | 2 5<br>7 |

甲向　庚座

| | | |
|---|---|---|
| 9 7<br>9 | 5 2<br>4 | 7 9<br>2 |
| 8 8<br>1 | 1 6<br>8 | 3 4<br>6 |
| 4 3<br>5 | 6 1<br>3 | 2 5<br>7 |

卯向酉座・乙向辛座

| | | |
|---|---|---|
| 2 5<br>9 | 6 1<br>4 | 4 3<br>2 |
| 3 4<br>1 | 1 6<br>8 | 8 8<br>6 |
| 7 9<br>5 | 5 2<br>3 | 9 7<br>7 |

丙向　壬座

| | | |
|---|---|---|
| 5 2<br>9 | 9 7<br>4 | 7 9<br>2 |
| 6 1<br>1 | 4 3<br>8 | 2 5<br>6 |
| 1 6<br>5 | 8 8<br>3 | 3 4<br>7 |

午向子座・丁向癸座

| | | |
|---|---|---|
| 3 4<br>9 | 8 8<br>4 | 1 6<br>2 |
| 2 5<br>1 | 4 3<br>8 | 6 1<br>6 |
| 7 9<br>5 | 9 7<br>3 | 5 2<br>7 |

庚向　甲座

| | | |
|---|---|---|
| 7 9<br>9 | 2 5<br>4 | 9 7<br>2 |
| 8 8<br>1 | 6 1<br>8 | 4 3<br>6 |
| 3 4<br>5 | 1 6<br>3 | 5 2<br>7 |

酉向卯座・辛向乙座

| | | |
|---|---|---|
| 5 2<br>9 | 1 6<br>4 | 3 4<br>2 |
| 4 3<br>1 | 6 1<br>8 | 8 8<br>6 |
| 9 7<br>5 | 2 5<br>3 | 7 9<br>7 |

# 八 挨星盤の判断の仕方

挨星盤の各宮の左上の数字を「山星」、右上の数字を「水星」といいます。

山星は理気上の山となります。山は静で、丁（健康や人との和）を意味しますので、リビングや寝室などがあると吉です。会社の場合は代表や販売管理スタッフだと管理スタッフがいることが吉です。

水星は理気上の水となります。水は動で、財運を意味します。住宅では玄関以外はあまり活用方法がありませんが、逆に玄関に水星が廻っていない家は、吉意がないともいえます。会社の場合は営業など販売スタッフがいることが吉です。

使用できる九星は第三章で学んだ、その時期に「旺」もしくは「生」になっている星です。現在は8運時なので、8が旺、9・1が生ですので、山星・水星に8、9、1が入っている方位が吉方位となります。4、6も吉数字ではありますが、生旺ではありませんので場合によっては凶意が強く出る場合もあります。3、2、5、7は8運時ではすべて凶です。

原則として山星吉の方位には山となる巒頭が必要になります。商業施設であれば水星吉の方位にも水となる巒頭が必要になります。住宅では山の処置のみを行い、水の手当はしない方がよいでしょう。

これとは逆に、山星吉の方位に水があったり、水星吉の方位に山があったりすると吉意が減少し、場合によっては凶となることがあります。

またこの山水の巒頭は外局（家の外）、内局（家の中）の両方とも整える必要性があります。巒頭上必要なものがない、もしくは山水逆転している場合には室内外に巒頭上、山や水になるものを設置する必要があります。外局に関して、家から何メートルまで影響する、という定義はありませんが、多くの場合、家から可視範囲は影響を及ぼすと思っていただいて間違いありません。

排水口となるものは山星、水星とも流してしまい、第一章で学んだ「川」と同様、凶となります。

山…静・高・重・満
水…動・低・軽・空

## 九　替卦法（起星法）

方位磁針や羅盤で座向を測っていると方位と方位の境に針の先が向いてしまうことがあります。この場合、向が他の方位も兼ねるということで兼向といい、替卦法といって特殊な作盤方法を使用します。替卦法には流派によって幾つかの考え方があります。

本書においては替卦法の存在をお知らせするのみで作盤方法は割愛することといたしました。

① 各方位の両端3度（合計6度）に針が向いた場合

② 各方位の両端1・5度（合計3度）に針が向いた場

③ 各方位の境の線の上に針が向いた場合

④ 各方位の両端1・5度は兼向が使えない。この場合、この範囲に入っている場合は出卦といいます。天元と地元がこれに該当する場合は陰差陽錯といい、発福するが長続きしないものとされています。

黒門派では実際の鑑定において替卦法の挨星よりも、替卦法を使用しない16パターンの、挨星の象意が出ていることがほとんどなので替卦法を使用しません。談養吾も替卦を使用しなかったそうです。また、すべての方位に替卦がありますが、実際はこの議論に該当するのは前の人元と次の方位の地元の境のところだけで、各方位の天元と人元は陰陽が同じため、この議論に対象にはなりません。

羅盤上で糸が方位の境の線にピタリと重なってしまう場合は「騎線空縫」といい大凶とします。空縫とは宮内の境の線のことで、騎線とは宮と宮の境の線のことです。

## 十　挨星判断

山星と水星の組合せは、数字が持つ五行により生剋があります。生剋の関係は5パターンあります。

比和…主星と客星が同じ五行
生入…主星が客星から生じられている
生出…主星が客星に洩れる
剋入…主星が客星に剋される
剋入…主星が客星を剋す

主星は判断するものによって変わります。

財を判断する場合は水星が主星
丁を判断する場合は山星が主星

客星は山星が主星の場合、水星が客星、水星が主星の場合、山星が客星になります。

例えば、山星8、水星3の場合、木剋土で8が剋入となります。この場合、木生火、火生土、と客星の五行を漏らすなどの処置が求められます。

挨星の意味は大原則として第一章で述べた紫白九星の意味と、山星、水星の生剋により作られています。以下、簡単に歌訣による9運まで活用できる挨星の象意を記します。

（8～9運に活用できる挨星の吉凶）

| | | | |
|---|---|---|---|
| 一 | 一 | 旺生 | 文才、文章に関わる職業に利がある |
| | | 衰 | 桃花、酒淫 |
| 一 | 二 | 旺生 | 男性内臓疾患、女性胃腸病 |
| | | 衰 | 女性が主権を持つ、腎臓病 |
| 一 | 三 | 旺生 | 長男が発展、概ね吉 |
| | | 衰 | 争い、刑罰、破財、肝臓・足の病 |
| 一 | 四 | 旺生 | 発展、名声、賞賛、文書 |
| | | 衰 | 貴あれば賎あり、淫蕩 |
| 一 | 五 | 旺生 | 財と地位に恵まれる |
| | | 衰 | 五行水の病気、食中毒、血の病、流産 |
| 一 | 六 | 旺生 | 概ね吉 |
| | | 衰 | 頭、骨、心の病気、病 |
| 一 | 七 | 旺生 | 桃花運、財運 UP |
| | | 衰 | 酒色淫蕩、性病 |
| 一 | 八 | 旺生 | 学問、財に吉、小児は水難に注意、耳の病 |
| | | 衰 | 耳の病気、貧血 |
| 一 | 九 | 旺生 | 大きな利益を得る、聡明な子供が生まれる |
| | | 衰 | 夫婦反目、兄弟不和、心、性、皮膚病 |

| | | | |
|---|---|---|---|
| 二 | 一 | 生 | 不動産利益、家族健康、老母は長寿 |
| 二 | 二 | 衰 | 淫蕩、老母多病、胃腸病、家の恥が露呈される |
| 二 | 三 | 衰 | 男児淫蕩、夫婦不和、土地荒廃、失財 |
| 二 | 四 | 衰 | 怪我、胃腸病、家庭不和 |
| 二 | 五 | 衰 | 損失、胃腸病、胃癌、流産、争い、怪我 |
| 二 | 六 | 衰 | 親子の争い、頭痛 |
| 二 | 七 | 衰 | 火災、口舌、怪我、暴力沙汰 |
| 二 | 八 | 旺 | 不動産利益 |
| 二 | 九 | 生 | 文筆に吉、不動産の増加 |

| | | | |
|---|---|---|---|
| 三 | 一 | 生 | 財運と健康運ともによい、長男の出征 |
| 三 | 二 | 衰 | 官非、破財、争いによる怪我 |
| 三 | 三 | 衰 | 盗み、手足の怪我 |
| 三 | 四 | 衰 | 盗み、ミス、肝臓病、太歳に遭えば色難 |
| 三 | 五 | 衰 | 肝臓、足の病気、失業、死亡 |
| 三 | 六 | 衰 | 家庭不和、争い |
| 三 | 七 | 衰 | 手足、肝臓病、肺病、吐血、破財 |
| 三 | 八 | 旺 | 文才、発丁財 |
| 三 | 九 | 生 | 文才、富貴、子女聡明、けち |

| | | | |
|---|---|---|---|
| 四 | 一 | 生 | 文才学業、試験合格、子女聡明 |
| 四 | 二 | 衰 | 嫁姑不和、胃病 |
| 四 | 三 | 衰 | 夫婦不和、親不孝、四股の病気 |
| 四 | 四 | 衰 | 男子は家を離れる |
| 四 | 五 | 衰 | 荒廃、乳癌、主婦が病気がち |
| 四 | 六 | 衰 | 夫婦不和、父と嫁の不和、家庭内の争い |
| 四 | 七 | 衰 | 男女淫蕩、吐血、口舌 |
| 四 | 八 | 旺 | 不動産増加、賢い嫁 |
| 四 | 九 | 生 | 聡明、文章の才能 |

| | | | |
|---|---|---|---|
| 五 | 一 | 生 | 発展するが中間子が早死にする |
| 五 | 二 | 衰 | 様々な病気、太歳に遭えば父母の病気、怪我 |
| 五 | 三 | 衰 | 破財、怪我、肝臓、脾臓の病気 |
| 五 | 四 | 衰 | 酒賭博を好む、肝癌 |
| 五 | 五 | 衰 | 災難と病気が重なる、事故、暴力沙汰 |
| 五 | 六 | 衰 | 頭痛、骨折、重病、外出で難に遭う、事故 |
| 五 | 七 | 衰 | 官非、口舌、淫蕩、破財、少女多病 |
| 五 | 八 | 旺 | 田畑が利益を生む、孝行で素直な女の子 |
| 五 | 九 | 生 | 聡明な女の子、財運良好 |

| | | | |
|---|---|---|---|
| 六 | 一 | 生 | 出世、財運 |
| 六 | 二 | 衰 | 吝嗇《りんしょく》、夫婦分離、頭、骨、胃、腸の病気 |
| 六 | 三 | 衰 | 頭や手足の病気、親子不和 |
| 六 | 四 | 衰 | 妻を剋す、妻への暴力、労働 |
| 六 | 五 | 衰 | 多病、多災、精神病、自殺 |
| 六 | 六 | 衰 | 破財、骨折、失業 |
| 六 | 七 | 衰 | 男女不和、盗難、口舌、頭痛、咽喉の病気、性病、皮膚病 |
| 六 | 八 | 旺 | 名声、家業発展、財運 |
| 六 | 九 | 生 | 肺病、吐血、脳の病気 |

| | | | |
|---|---|---|---|
| 七 | 一 | 生 | 女性には桃花 |
| 七 | 二 | 衰 | 淫蕩、婦人不和、食中毒、口の病気、火災 |
| 七 | 三 | 衰 | 盗難 |
| 七 | 四 | 衰 | 淫乱、家庭不和、吐血 |
| 七 | 五 | 衰 | 火災、服毒、性病、肺病、口舌 |
| 七 | 六 | 衰 | 交通事故、流血、家庭不和、火災 |
| 七 | 七 | 衰 | 火災、口舌、色難、官非、淫乱 |
| 七 | 八 | 旺 | 財源、賢い子供、昇進 |
| 七 | 九 | 生 | 健康財 |

| | | | |
|---|---|---|---|
| 八 | 一 | 旺生 | 文才、文章に関わる職業に利がある、不動産事業に吉 |
| | | 衰 | 膀胱病、貧血、耳病、不育症 |
| 八 | 二 | 旺生 | 八一に同じ |
| | | 衰 | 胃腸病、子供の怪我、家を離れる |
| 八 | 三 | 旺生 | 権力集中、発財 |
| | | 衰 | 破財、離婚、腰痛、子供の怪我、無成育、自殺 |
| 八 | 四 | 旺生 | 婦人が権力を持つ、不動産事業に吉 |
| | | 衰 | 家庭不和、交通事故、離婚、不妊、腰痛 |
| 八 | 五 | 旺生 | 運勢良好、最大財運 |
| | | 衰 | 破財、関節炎、食中毒、親友反目 |
| 八 | 六 | 旺生 | 富貴、福徳 |
| | | 衰 | 親子の不和、頭痛、骨の痛み |
| 八 | 七 | 旺生 | 家庭円満、文部財禄すべてによい |
| | | 衰 | 夫婦不和、幼児の怪我や病気 |
| 八 | 八 | 旺生 | 文才、文章に関わる職業に利がある |
| | | 衰 | 破財、家業は衰退、肩の痛み、子供の病気怪我 |
| 八 | 九 | 旺生 | 沢山の嬉しいことが起きる |
| | | 衰 | 火災、鼻、目の病気、離婚 |

| | | | |
|---|---|---|---|
| 九 | 一 | 旺生 | 桃花運、慶事多し |
| | | 衰 | 眼病、耳鳴り |
| 九 | 二 | 旺生 | 優秀な人が出る、母が実権を持つ |
| | | 衰 | 愚かな子供、胃病、血便、眼病、胃腸病、婦人病 |
| 九 | 三 | 旺生 | 高い地位に就く、聡明な女の子 |
| | | 衰 | 火災、男の子の暴力、淫乱、官非、眼病、足の怪我 |
| 九 | 四 | 旺生 | 文才に優れる、財が集まる、変質的な趣味、同性愛 |
| | | 衰 | 淫乱、不名誉な事柄、眼病、腰痛 |
| 九 | 五 | 旺生 | 熱病、血病、胃腸病 |
| | | 衰 | 愚かな子供、眼病、火災、火傷 |
| 九 | 六 | 旺生 | 長寿、文才発揮 |
| | | 衰 | 逆子、吐血、脳の病気 |
| 九 | 七 | 旺生 | 不労所得 |
| | | 衰 | 酒淫、火災、心臓病 |
| 九 | 八 | 旺生 | 慶事多し、昇進 |
| | | 衰 | 愚かな子供、胃病、眼病、吐血、離婚 |
| 九 | 九 | 旺生 | 文章での評価、財が集まる |
| | | 衰 | 好色、眼病、暴力沙汰 |

## 十一 太歳と三殺

第十項で説明した以外に、毎年の十二支による判断方法があります。

毎年の十二支の方角を「太歳」といいます。

例えば、2022年であれば寅の方角が太歳です。座向ともに太歳が廻るのは良くないとされています。太歳方位では動土（土を掘り起こす行為）を忌みます。

「三殺」と呼ばれる十二支の判断方法もあります。

---

火（水剋火）

巳午未（南方）の座は申子辰年を嫌う 水

金（金剋木）

申酉戌（西方）の座は亥卯未年を嫌う 木

水（水剋火）
亥子丑（北方）の座は寅午戌年を嫌う 火

木（金剋木）
寅卯辰（東方）の座は巳酉丑年を嫌う 金

# 十二 玄空飛星の格局

第十項で学んだ挨星の組合せの中で、以下の組合せは基本格局と呼ばれ、家の大体の吉凶を決めてしまいます。

①旺山旺向…吉格。向のある方向に旺じている水星があり、座の方向に旺じている山星がある状態です。

巽の方位に水星8、乾の方位に山星8がある。

②上山下水…凶格。向の方向に旺じた山星が、座の方向に旺じた水星があることです。座向の本質が逆になります。ただし高層マンションなどでは吉になることもあります。この場合、室内外のどこかに向には水を、座方位には山に

巽向乾座・巳向亥座

| | | |
|---|---|---|
| 1 8<br>9 | 5 3<br>4 | 3 1<br>2 |
| 2 9<br>1 | 9 7<br>8 | 7 5<br>6 |
| 6 4<br>5 | 4 2<br>3 | 8 6<br>7 |

なるものを置くことで凶意を逃すことができます。

辰の方位に山星8、戌の方位に水星8がある。

③双星会座…中吉。座の方位の宮に応じた山星と水星が同時に入っている状態。健康や和合に良いとされます。ただし座（山）の方位に水がありますので、財運が下がります。この場合、他の生水星の方位で水の処置を必要とします。

座に山星、水星8が並んで配置されている。

④双星会向…中吉。双星会座と真逆で向の方位に応じた山星と水星が同時に入っている状態。財運は良いが、人間関係や健康面等に問題が出やすい。この場合、他の生山星の方位で水の処置を必要とします。

**辰向　戌座**

| | | |
|---|---|---|
| 8 6<br>9 | 4 2<br>4 | 6 4<br>2 |
| 7 5<br>1 | 9 7<br>8 | 2 9<br>6 |
| 3 1<br>5 | 5 3<br>3 | 1 8<br>7 |

**子向午座・癸向丁座**

| | | |
|---|---|---|
| 4 3<br>9 | 8 8<br>4 | 6 1<br>2 |
| 5 2<br>1 | 3 4<br>8 | 1 6<br>6 |
| 9 7<br>5 | 7 9<br>3 | 2 5<br>7 |

向に山星、水星8が並んで配置されている。

甲向　庚座

| | | |
|---|---|---|
| 9 7<br>9 | 5 2<br>4 | 7 9<br>2 |
| 8 8<br>1 | 1 6<br>8 | 3 4<br>6 |
| 4 3<br>5 | 6 1<br>3 | 2 5<br>7 |

## 十三　九運

２０２４年２月から三元九運の９運期に入ります。９運が元運になると、第十二項で学んだ旺山旺向と上山下水がなくなり双星会座か双星会向の盤しかできません。格局論からすると９運に建てられた建物はすべて半吉半凶ということになります。１運期でも同じ現象が起きます。

９運　挨星盤

艮向坤座・寅向申座

| | | |
|---|---|---|
| 5 4<br>8 | 1 8<br>4 | 3 6<br>6 |
| 4 5<br>7 | 6 3<br>9 | 8 1<br>2 |
| 9 9<br>3 | 2 7<br>5 | 7 2<br>1 |

巽向乾座・巳向亥座

| | | |
|---|---|---|
| 2 7<br>8 | 6 3<br>4 | 4 5<br>6 |
| 3 6<br>7 | 1 8<br>9 | 8 1<br>2 |
| 7 2<br>3 | 5 4<br>5 | 9 9<br>1 |

坤向艮座・申向寅座

| | | |
|---|---|---|
| 4 5<br>8 | 8 1<br>4 | 6 3<br>6 |
| 5 4<br>7 | 3 6<br>9 | 1 8<br>2 |
| 9 9<br>3 | 7 2<br>5 | 2 7<br>1 |

乾向巽座・亥向巳座

| | | |
|---|---|---|
| 7 2<br>8 | 3 6<br>4 | 5 4<br>6 |
| 6 3<br>7 | 8 1<br>9 | 1 8<br>2 |
| 2 7<br>3 | 4 5<br>5 | 9 9<br>1 |

子向午座・癸向丁座

| | | |
|---|---|---|
| 3 6<br>8 | 8 1<br>4 | 1 8<br>6 |
| 2 7<br>7 | 4 5<br>9 | 6 3<br>2 |
| 7 2<br>3 | 9 9<br>5 | 5 4<br>1 |

卯向酉座・乙向辛座

| | | |
|---|---|---|
| 1 8<br>8 | 6 3<br>4 | 8 1<br>6 |
| 9 9<br>7 | 2 7<br>9 | 4 5<br>2 |
| 5 4<br>3 | 7 2<br>5 | 3 6<br>1 |

午向子座・丁向癸座

| | | |
|---|---|---|
| 6 3<br>8 | 1 8<br>4 | 8 1<br>6 |
| 7 2<br>7 | 5 4<br>9 | 3 6<br>2 |
| 2 7<br>3 | 9 9<br>5 | 4 5<br>1 |

酉向卯座・辛向乙座

| | | |
|---|---|---|
| 8 1<br>8 | 3 6<br>4 | 1 8<br>6 |
| 9 9<br>7 | 7 2<br>9 | 5 4<br>2 |
| 4 5<br>3 | 2 7<br>5 | 6 3<br>1 |

丑向　未座

| | | |
|---|---|---|
| 7 2<br>8 | 2 7<br>4 | 9 9<br>6 |
| 8 1<br>7 | 6 3<br>9 | 4 5<br>2 |
| 3 6<br>3 | 1 8<br>5 | 5 4<br>1 |

辰向　戌座

| | | |
|---|---|---|
| 9 9<br>8 | 5 4<br>4 | 7 2<br>6 |
| 8 1<br>7 | 1 8<br>9 | 3 6<br>2 |
| 4 5<br>3 | 6 3<br>5 | 2 7<br>1 |

未向　丑座

| | | |
|---|---|---|
| 2 7<br>8 | 7 2<br>4 | 9 9<br>6 |
| 1 8<br>7 | 3 6<br>9 | 5 4<br>2 |
| 6 3<br>3 | 8 1<br>5 | 4 5<br>1 |

戌向　辰座

| | | |
|---|---|---|
| 9 9<br>8 | 4 5<br>4 | 2 7<br>6 |
| 1 8<br>7 | 8 1<br>9 | 6 3<br>2 |
| 5 4<br>3 | 3 6<br>5 | 7 2<br>1 |

壬向　丙座

| | | |
|---|---|---|
| 5 4<br>8 | 9 9<br>4 | 7 2<br>6 |
| 6 3<br>7 | 4 5<br>9 | 2 7<br>2 |
| 1 8<br>3 | 8 1<br>5 | 3 6<br>1 |

甲向　庚座

| | | |
|---|---|---|
| 3 6<br>8 | 7 2<br>4 | 5 4<br>6 |
| 4 5<br>7 | 2 7<br>9 | 9 9<br>2 |
| 8 1<br>3 | 6 3<br>5 | 1 8<br>1 |

丙向　壬座

| | | |
|---|---|---|
| 4 5<br>8 | 9 9<br>4 | 2 7<br>6 |
| 3 6<br>7 | 5 4<br>9 | 7 2<br>2 |
| 8 1<br>3 | 1 8<br>5 | 6 3<br>1 |

庚向　甲座

| | | |
|---|---|---|
| 6 3<br>8 | 2 7<br>4 | 4 5<br>6 |
| 5 4<br>7 | 7 2<br>9 | 9 9<br>2 |
| 1 8<br>3 | 3 6<br>5 | 8 1<br>1 |

## 十四 挨星の吉凶

四大格局以外にも挨星の吉凶の考え方が幾つかあります。

①全局伏吟…星数が九宮の定位数と同じになることをいいます。8運期ではできません。9運期では丙向、壬向の時にできます。

②全局反吟…星数が九宮の定位数と対局の数になることをいいます。やはり8運期ではできませんが、9運期では子向、癸向、午向、丁向の時にできます。

③単宮反伏吟…一つの宮でのみ反吟や伏吟ができることをいいます。反吟・伏吟は凶です。

④入囚…以前の元運旺期に建てられた建物が対象で、現元運期の旺星が中宮に入ってしまうことをいいます。

**巽向乾座・巳向亥座**

| | | |
|---|---|---|
| 1 8<br>9 | 5 3<br>4 | 3 1<br>2 |
| 2 9<br>1 | 9 7<br>8 | 7 5<br>6 |
| 6 4<br>5 | 4 2<br>3 | 8 6<br>7 |

この場合、８運期では山星８が乾宮にあるので問題ありませんが、９運期になると山星９が入囚してしまうので理気上の山がなくなってしまうので山丁の問題が発生する場合があります。水の入囚は水星５を使った解決方法が存在しますが、山の入囚は解決方法がないとされています。

⑤合十…全部の宮で、元運数と山星、もしくは元運数と水星を足して十になることをいいます。９運期と１運期では旺山旺向ができないので、これを代用します。水星合十は旺財、山星合十は旺丁。

⑥その他…父母三般卦、連珠三般卦、北斗七星打劫法など様々な組み合わせがあり、吉とされています。中国占術では本項で紹介したように数の組合せの偶然性を好みます。

## 十五 五行の処置

玄空飛星では挨星が凶星化している場合は数字の五行に基づいて処置を行います。前述している通り、風水においては剋を極めて嫌うので、宮の中の剋を解きながら、挨星のすべての凶意が薄れ、旺星の活動が妨げられない状態になるように五行を漏らしながら廻していきます。

五行木が凶星化している場合には火に洩らします。
五行火が凶星化している場合には土に洩らします。
五行土が凶星化している場合には金に洩らします。
五行金が凶星化している場合には水に洩らします。
五行水が凶星化している場合には木に洩らします。

## 十六　五行と物質と色

五行の本質は物質ではありませんが、風水の処置においては五行に関連した物質を用います。

木…木製のもの。緑のもの。細長いもの。
火…赤い物。尖ったもの。熱を発するもの、ライト。
土…陶器。黄色いもの。四角いもの。
金…金属。白、グレー、銀色。丸いもの。
水…黒いもの。波型のもの

五行土、金、木は物質そのものが使えますが、火は安全上の問題から、水は畜水、動水ともに凶意がありますので、風水上の問題から、そのものが使用できません。
色の処置は物質の処置に比べると効果がかなり薄く、かなりの面積で使用しない限り影響も少なく、ハンカチ一枚程度の単体の処置では効果が期待できません。

第五章

# 鑑定実例

ここまでで、八宅と玄空飛星の作盤方法と看方法を学んできました。本章では、実際の鑑定例を基に、風水鑑定の一例を学んでいきましょう。

（注）鑑定実例での看法は、本書のロジックとは違うところが多々あります。ロジック化しているものの、占いの域でありますので、その時の直感で閃きを優先させることが多々ありますので、処々ご了解ください。

## 例1 南が欠けた家

とある20代の女性から、お母さんが鬱病で困っているという相談を受けました。加えて、お父さんも仕事が長続きせず転職を繰り返していて生活が苦しいようでした。

先ず、母親の状態から、中年女性で、かつ精神疾患ということなので、離が欠けていると予測。離は中女、体では頭を表します。父親は乾＝北西に問題があると予測しました。乾は老男を意味します。

間取り図を拝見すると予測通り、南が玄関で大きく欠けていました。乾＝北西には24時間風呂が設置されておりました。乾＋水（坎）で六殺の象意です。六殺は「だらしなくなる」という意味がありますので、父親の状態をよく表しています。加えて、ご両親の寝室が玄空飛星での凶方位にあり、家の凶意が各所で強く出ていました。

ご両親の寝室を移動するようにアドバイスいたしましたが、ご両親の反対もありそのまま維持となり改善は見られませんでした。南（頭の象意）が欠けているので、理性と判断の欠如があったことも免れません。

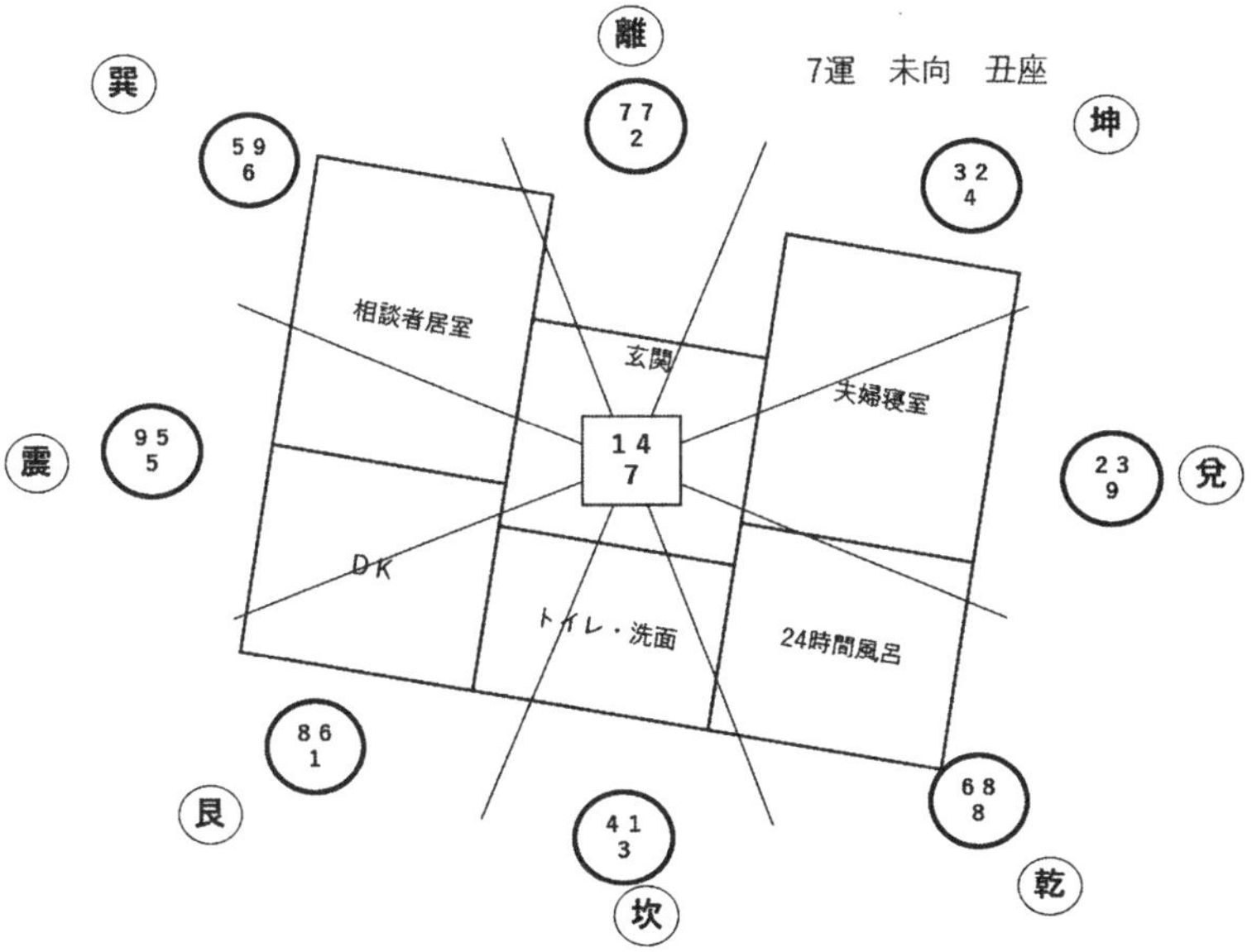

## 例2　目黒区　某レストラン

仲の良い友人から、新しくレストランを出店するので鑑定してほしいとの依頼があり、風水の処置を行いました。

店舗の西側がすべて引き違い戸になっていて、どこからも出入り自由でしたが乾の扉のみを出入り口に指定しました。また同じエリアにレジを置きました。

トイレのある方位に水星1があるので、財の気を増量させるためにクリスタルドラゴンを置きました。26のエリアは洗い場があることで吉。コンロの位置も金鎖玉関では吉。八宅も入り口を伏位に取れば吉。

お店の外周も入り口前には交通量の多い道路、座山の方向に大きめのビルがあり、青龍、白虎も整っており、全体的に風水の条件が整っている物件でした。

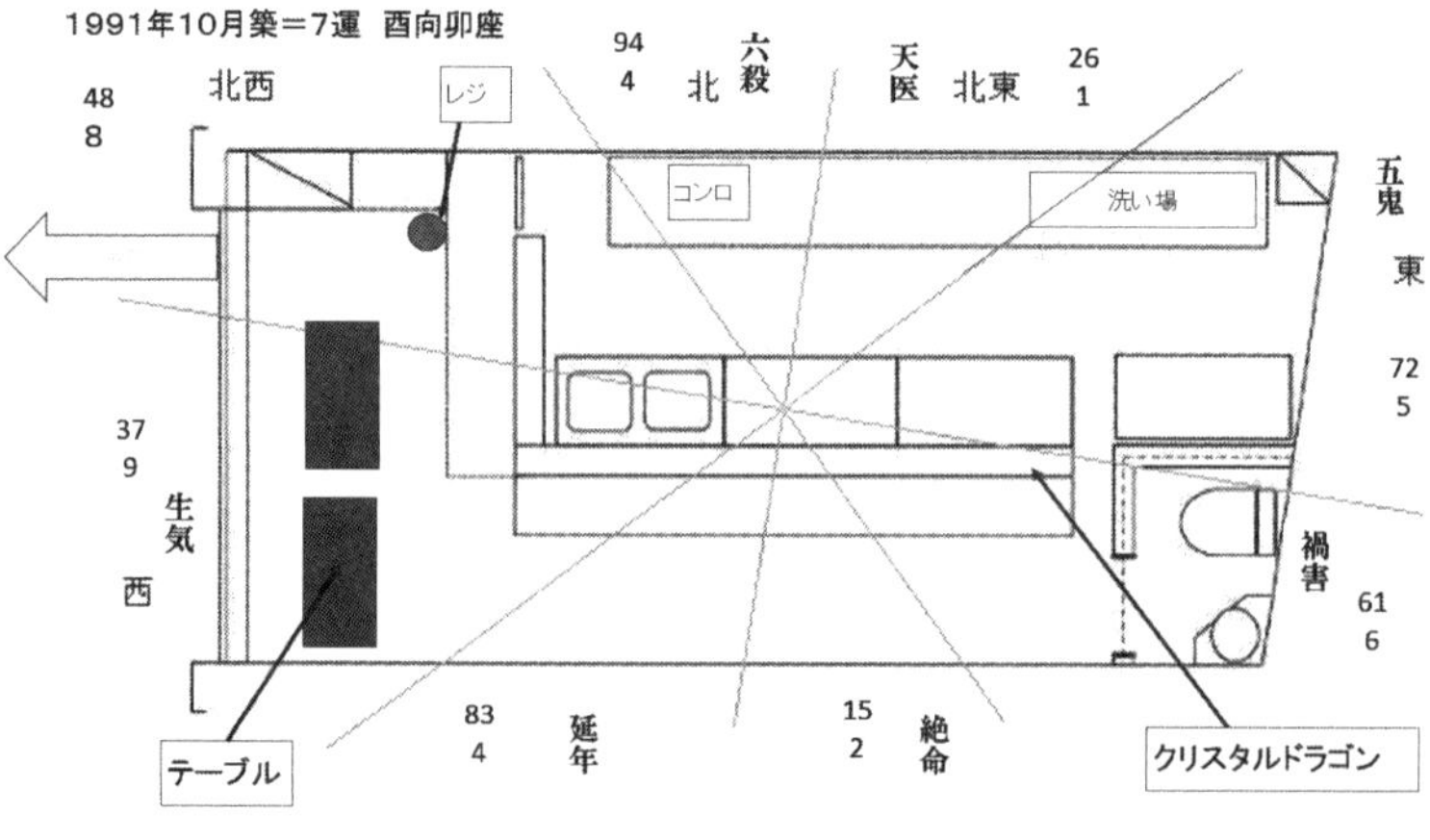

開店後は客足順調で、週末には予約困難なお店になりました。余談ですが某有名お笑い芸人やアナウンサーが常連となり、西側にあるテーブルによく座っているそうです。

西は「賑やか・楽しい・口」という意味がありますので、お笑い芸人とかアナウンサーはその象徴的です。また、常連のお笑い芸人さんの出身地と所属事務所は大阪でした。大阪は東京から見て西です。見事な一致だなぁと、いつも感心している鑑定物件です。

## 例3　相談内容から間取り図を完成させた例

私の家内から「友達が困っている」と相談がありました。状況は次の通りです。

- ・旦那さんが、パチンコ狂いで多重債務者。
- ・夫婦仲最悪で2年間、会話をしていない。
- ・旦那さんの会社での業績は良い。仕事はちゃんとしている。
- ・この家は、社宅である。

・奥様には不倫相手が三人いる。
・子供は一人。

この後、その女性に以下の質問をしました。

佐田龍星「ここに引っ越してきてから、借金が増えて、夫婦仲が悪くなりましたか?」

女性「はい、その通りです」。

問診から家に問題があると思い風水の処置を思い立ちました。間取り図がないというので、玄空飛星の理論に沿って、間取り図を作成しました。

手順
①現住所を聞いて、インターネットから航空図を検索。
②横長のマンションが見えたため、その建物のおよその概要を聞いた。↓ワンフロアに8室。同じ間取りのマンションが互い違いに配置されている
③航空図で見た建物の縮尺図を描き、それをさらに八分の一にした↓女性の住む部屋の外寸が決定。座向もその図から計測↓1図

④進入角度から向を決定し、玄空飛星の挨星を配置。
⑤起きている事象に合わせて部屋を決定。

１図　７運 艮向坤座

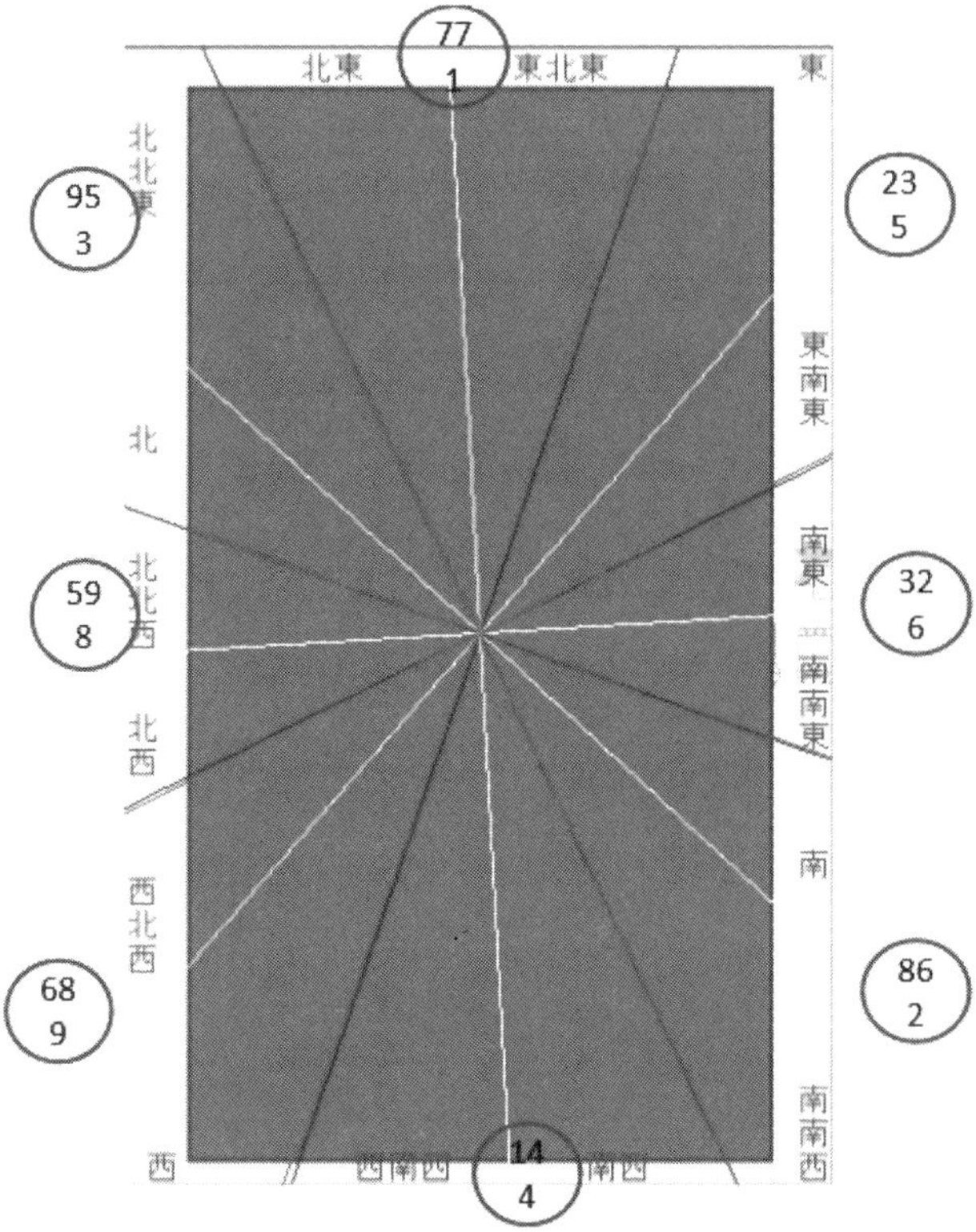

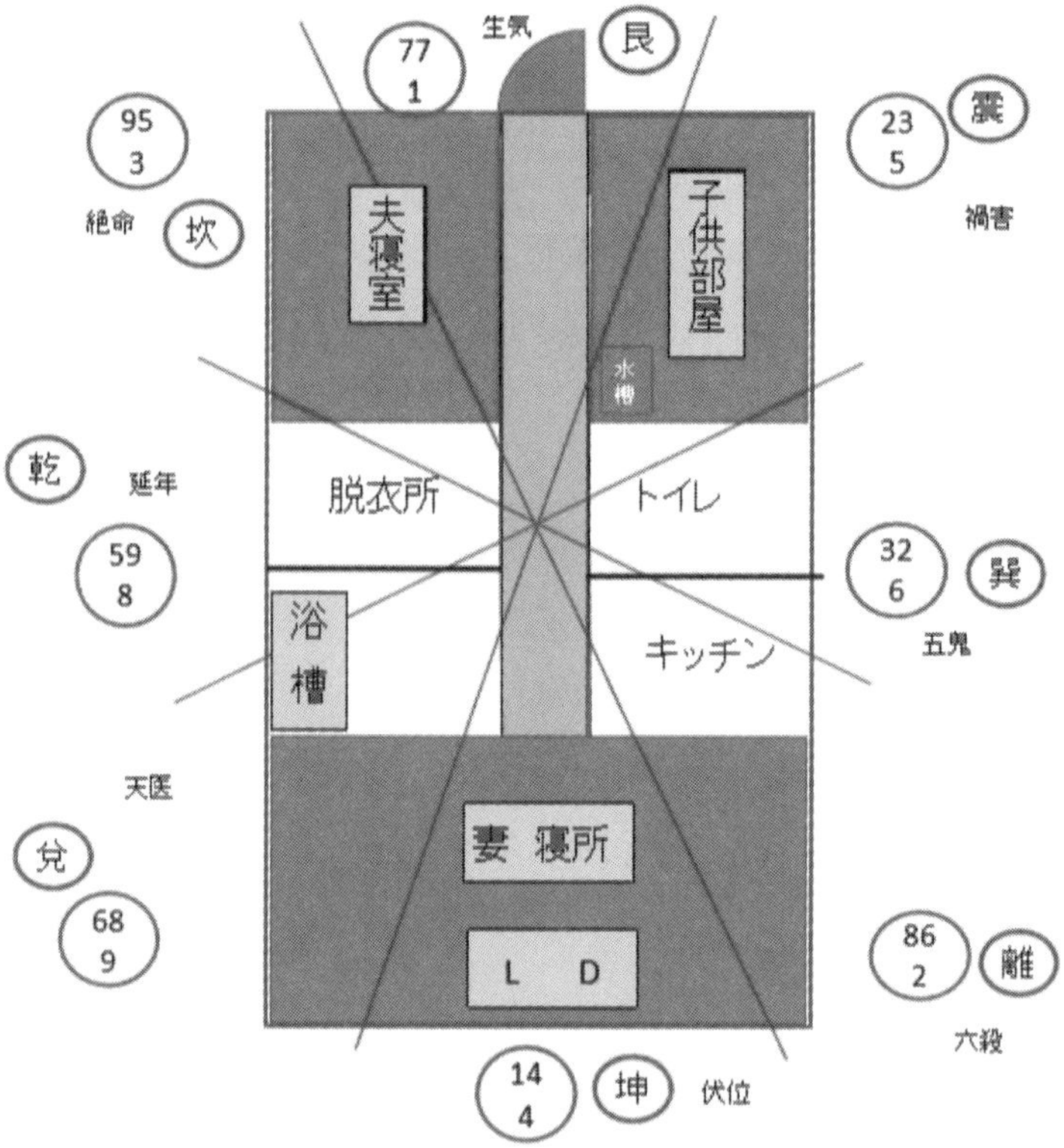
生気
艮
77
1
95
3
絶命
坎
23
5
震
禍害
夫寝室
子供部屋
水槽
乾
延年
脱衣所
トイレ
59
8
32
6
巽
五鬼
浴槽
キッチン
天医
兌
68
9
妻 寝所
L D
86
2
離
六殺
14
4
坤
伏位

⑥お金がない、借金が増えたということから水星8、9に浴槽があると推測。
⑦妻に不倫相手が多数いることから挨星14の桃花位に妻が寝ていると推測。
⑧夫の仕事運は好調ということから山星8、9のどちらかに夫の寝所があると推測。
⑨夫婦仲が悪いということから挨星23か32の位置に水槽があると推測。
⑩妻は夫とは別にリビングのソファーに寝ていた。ここに寝るようになってから不倫相手ができたとのこと。その他においては、大体の常識的な建築知識で平面図を作成した。

---

結果として、予測した間取り図は実際の間取り図とほぼ同じでした。

作成後、依頼主に見せたところ「どうしてうちの間取り図が分かったのか?」と不思議がっていました。これは玄空飛星のロジック通りに現象が起きていることを証明した案件でした。

## 例4　玄空飛星で作ったオフィス

クライアントから「本社を移転するのだけれどもスケルトンなので壁から作らなければならない。風水が良くなるように設計してくれないか」と依頼があり、玄空飛星のロジックを基に平面プランを作成しました。

①スケルトンなので入り口の位置を自由に決められたため、玄空飛星を用いて入り口の方位に水星9ないし1が来るように角度を求めました。8は2023年で旺期を終えるため、使用しませんでした。結果として水星9と1が入るエリアが入り口となる座向を

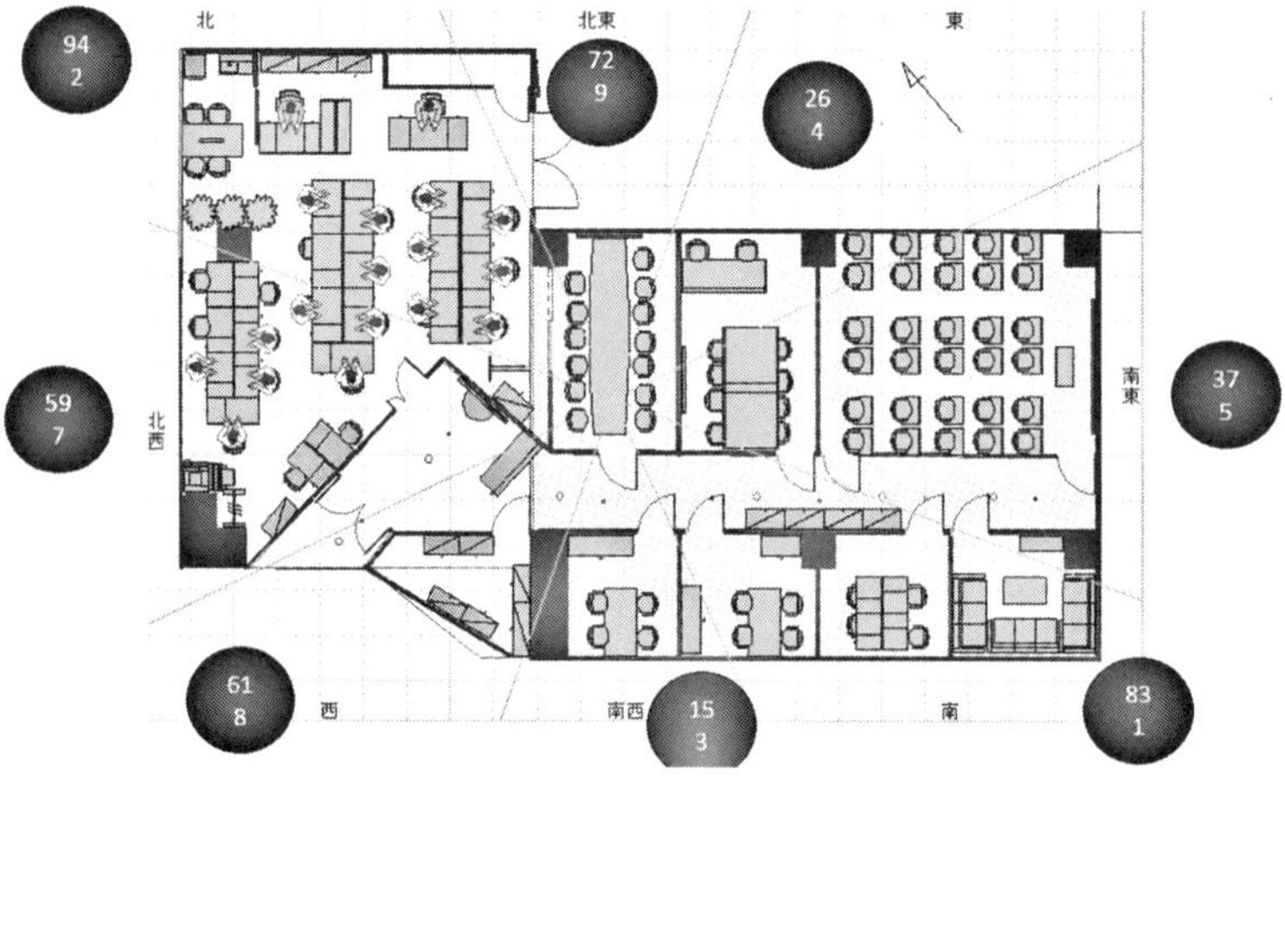

求め図のように星を散りばめました。

②管理部門は山星9、営業部門は水星9へ配置しました。

③凶星が巡る場所は会議室など常時人がいない部屋にしました。

④柱の関係で狭くなってしまったエリア（図の右下辺り）には山星8と1が入っていますので、物置等にするのはもったいないので応接室など商談するスペースにしました。

⑤事務所の中心から見た水口の方向は「子」で玄空六法上、立地も吉。こちらの社長さんの生まれ年が申だったので、２０２０年の子年は水口子が旺じた上、申子と水の半会となり、日本中がコロナ禍で大変だった中、比較的好調な一年でありました。

結論として、玄空飛星の挨星の巡りが良く、こちらに移転されてからは売上、採用数共に増加し、加えて従業員の退職も激減し、とても好調となりました。

## 例5　長女が居つかない家

三十代の夫婦から、「妻の連れ子（長女）が反抗的で家に全く帰ってこないで悩んでいる」という相談がありました。

佐田龍星「あなた方の家の北東の角が欠けていませんか？」

相談者「はい、北東の角が欠けています。」

佐田龍星「次に長女の部屋は南東の角ですか？」

相談者「その通りです。」

質問と回答が風水のロジックに該当したため、家が原因と判断しました。

8運　戌向　辰座

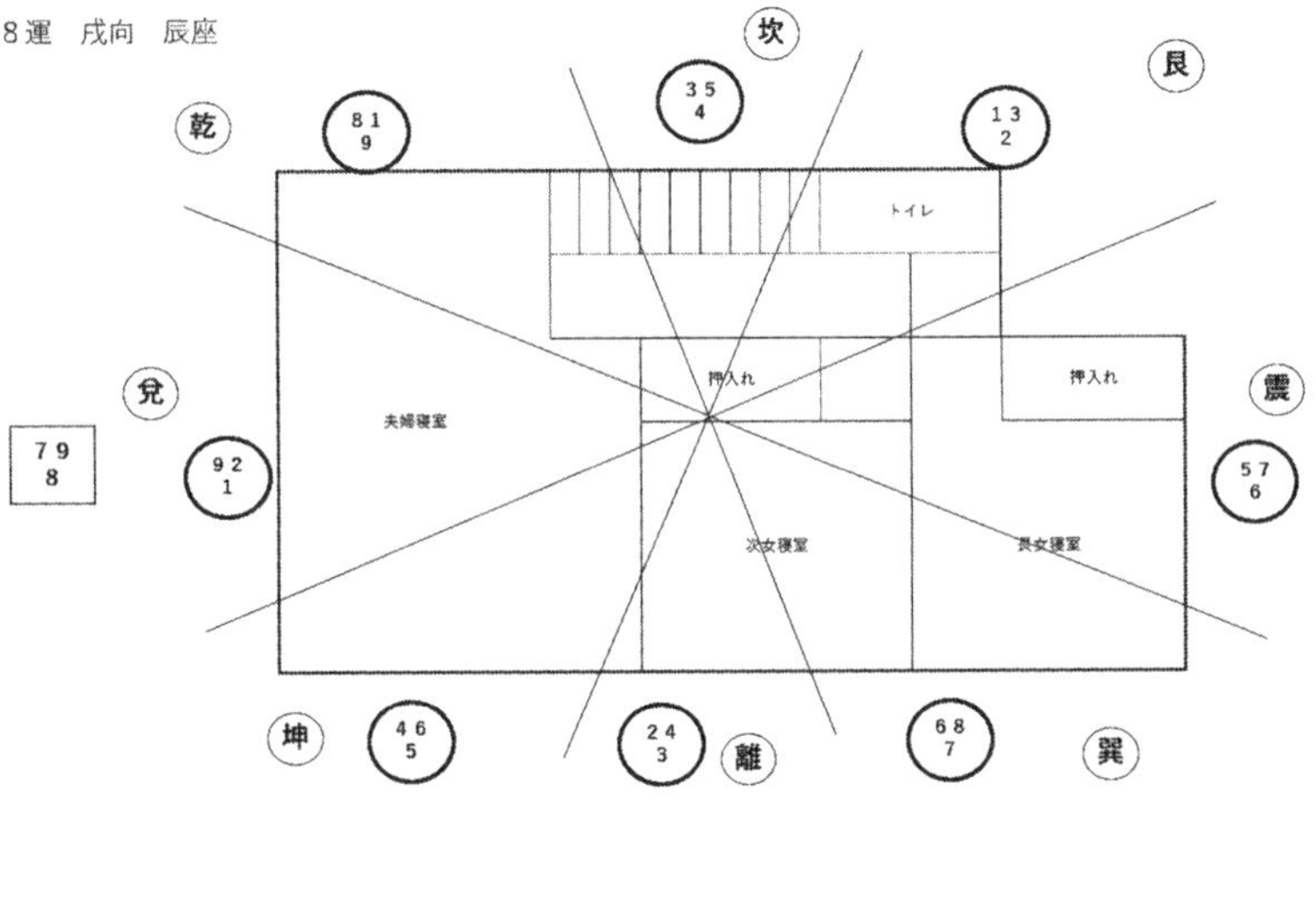

この家の向は戌で玄関も乾宮にありますが、山星8と水星1が廻ってきています。加えて座の辰には水星8が廻ってきており「上山下水」の凶相です。

２００４〜２０２０年位までは経済的な問題が出ます。しかし２０２１年位からは水星１が効き始めるので２０２０年に向けて徐々に収入が上がってくるでしょう。

問診の通り艮位が大きく欠けております。艮は子供を表しているので、艮の欠け＝子供がいない状態が起きています。巽位の長女の部屋には水星8が廻ってきていますので、長女の部屋が動くという象意なので艮位の欠けと合わせ技で、「長女が家に戻ってこない」と診断しました。

こちらも先程と同様で9運に近づくにつれて問題解決していきます。物理的にも長女の年齢が二十歳を超えるころということですので２０２１年からは家に戻ってくるでしょう。

玄関位置を伏位に取って八宅で判断すると、長女の部屋は大太極で五鬼と禍害が廻ってきます。巽位で五鬼は木生火で凶意が増す悪い組み合わせです。小太極でも五鬼・禍害が重なりますので、この部屋に長時間過ごすのは精神的にも肉体的にも厳しかったのではと推測できます。

加えて五行火は後天では離。離は中女の卦で長女と母親との確執があって、家を出るとも取れます。

## 例6　実家の一室単位でも風水が効く例

ご家族と一緒に実家で暮らされている方から、体調不良が長く続いているので家を見てほしいという相談がありました。

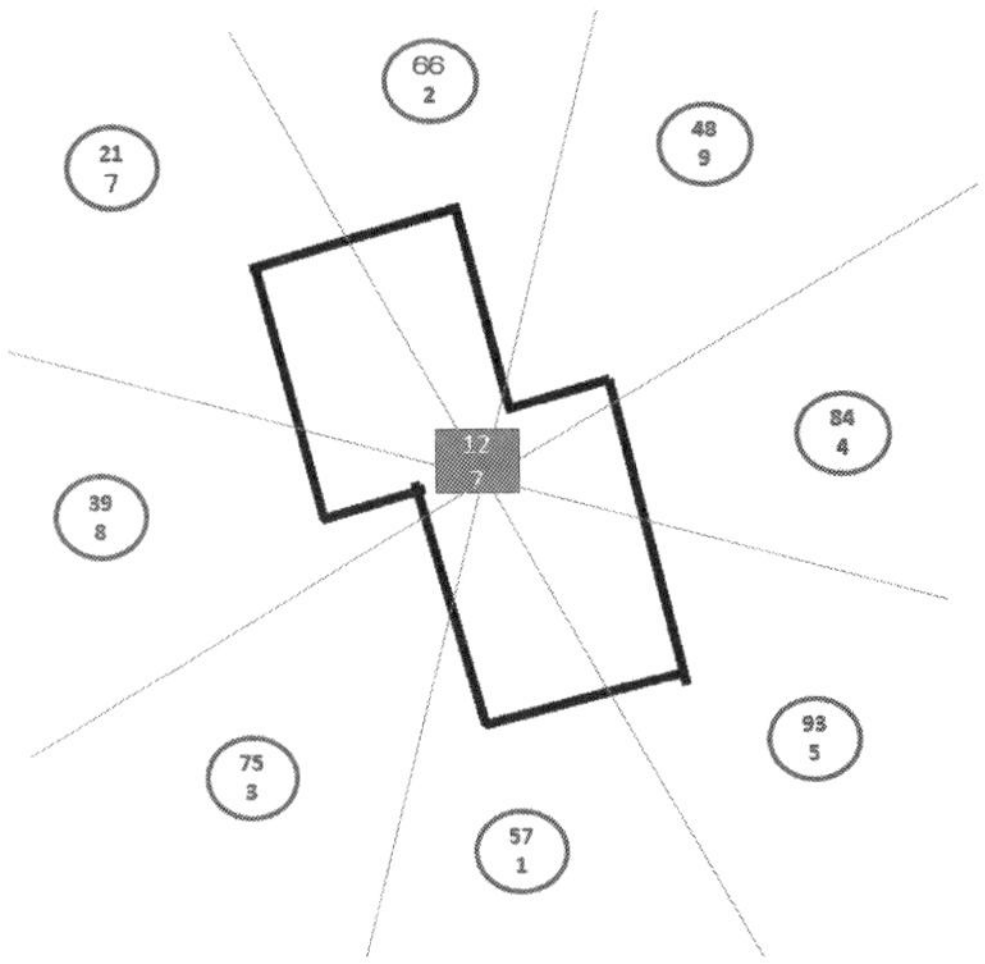


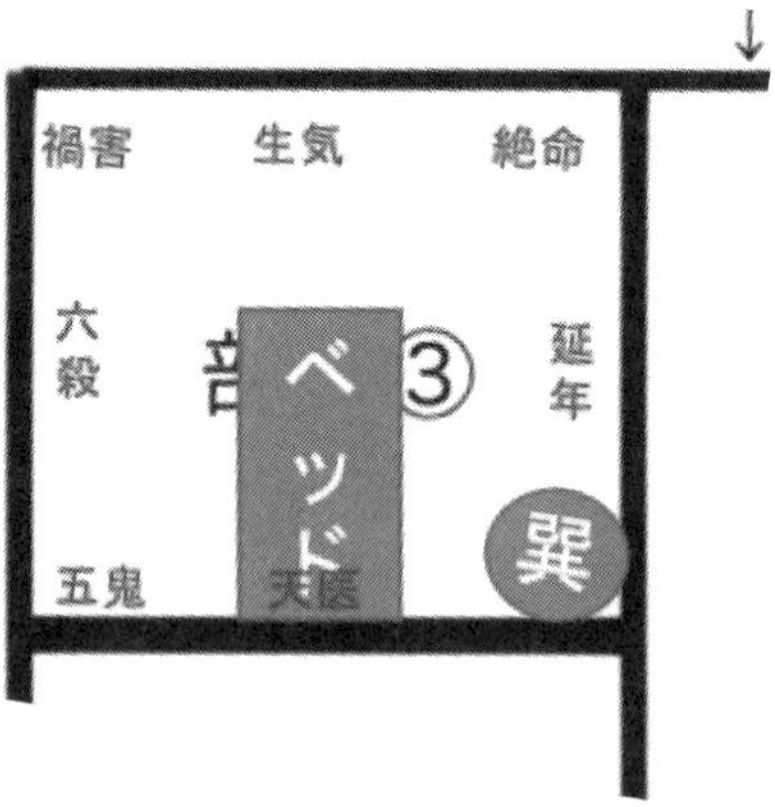

この家の2階の21のエリアが相談者の部屋です。対象の部屋のみ抜粋します。入り口は巽位の部屋です。もともと禍害と六殺の方位にベッドがありました。玄空飛星では23のエリアにあり、かつ小太極で禍害に重なっているので「怖い夢をよく見ませんか?」と質問したところ「その通りです。」との回答をいただきました。そこで図のように天医にベッドを移動してもらいました。加えて禍害の位置に鉄のオブジェを置いていただきました。山星2と禍害土を漏らすためです。

たったこれだけの処置ですが、後日、「風邪をひくことがなくなり、怖い夢を見なくなった。」とのことです。

正しい処置をすれば家全体でなくとも風水が効くことが証明できました。

## 例7　年運が凶意を増加させた例

この物件は8運の上山下水ですが玄関に水星9が廻っていて良好な物件です。相談者は2017年からこちらに住んでいましたが、2019年2月4日を過ぎた直後、奥様からもの

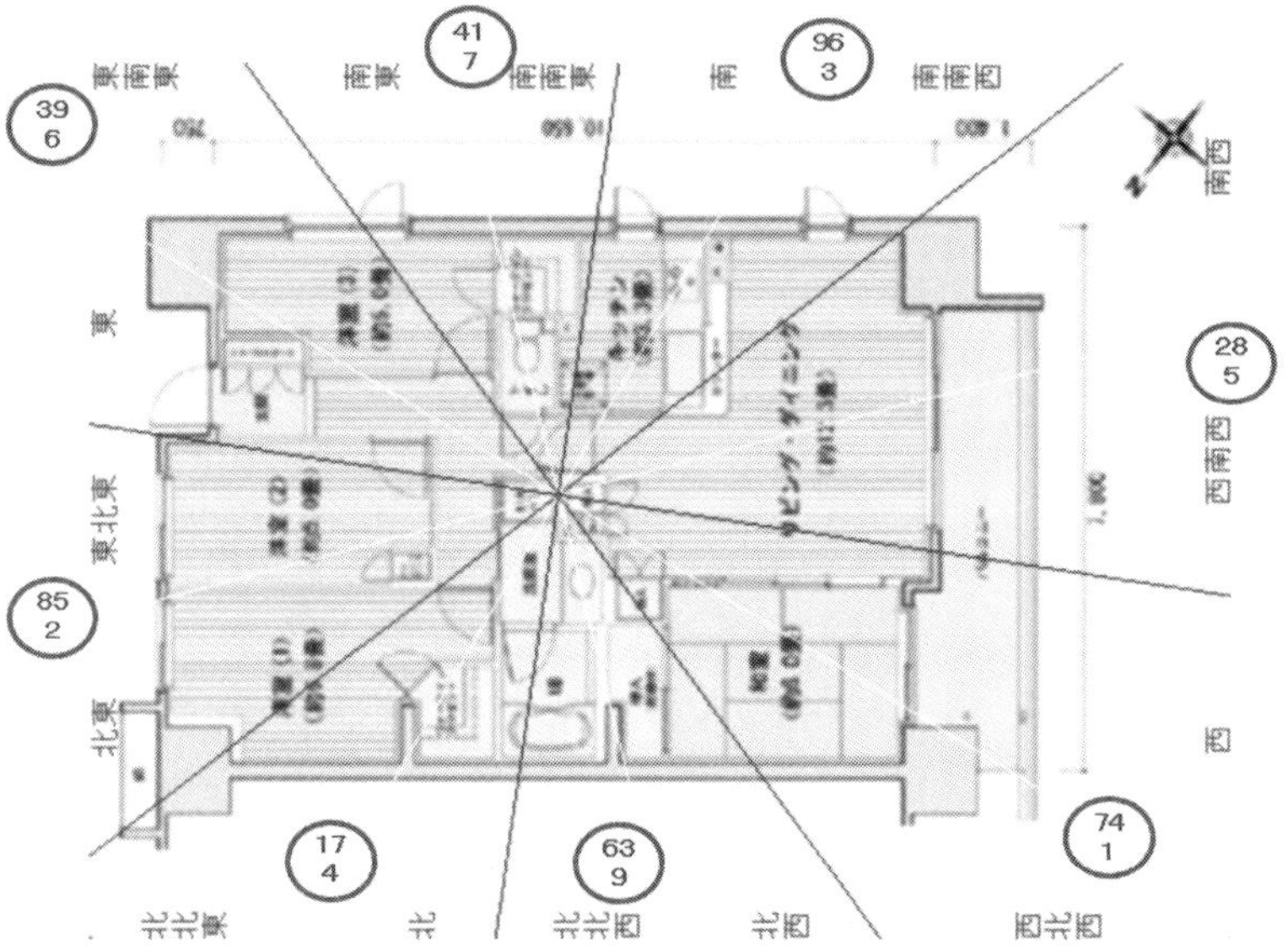


すごい口撃があり、突然の夫婦不和になってしまい、私のところに相談がありました。

２０１９年は年運数が８で元運８と同じになります。すると、一番住人に影響を与える寝室は艮位で挨星85、リビングは坤位で挨星28なので、ここに元運・年運の２と５がダブルで入り、に強い土の気になります。寝室の山星８、リビングの水星８は旺じているもの艮位は２２５、リビングは５５２と凶星の方が圧倒的に強くなり影響しました。坤位は母親を表しますが、加えて離方位は93に年運３が入り、木生火で中女がダブルで強くなっている上、離火は夫を意味する乾金を剋すので奥様優位の夫婦不和は的確な象意です。また、この部屋は角部屋で白虎方位に高い物がなかったこともあって、同年から奥様の体調も悪くなっていました。

相談者の夫に関してみてみると、乾位にお風呂があることから乾＋水（坎）は六殺の意味で、問題の原因が相談者の女性問題であることが分かります。艮位の問題ということもあってお子様にも問題が出ていました。

２０１９年は大量の鉄のオブジェを寝室とリビングに置いていただき持ち直しました。元々の玄空飛星の理気が良かったため、金運・仕事運は良く、２０２０年にはさらに広い家に引っ越しをされました。

## 例8　元運が変わって大吉になった家

図を見ていただくと分かる通り、この家は7運期では上山下水の凶格でした。

連珠三盤卦という吉格の挨星の組合せではありますが、7運期では山水星は7、8しか使えないため、家全体の風水が良くありませんでした。玄関79は火剋金で旺星7が山星9（7運時

7運亥向巳座

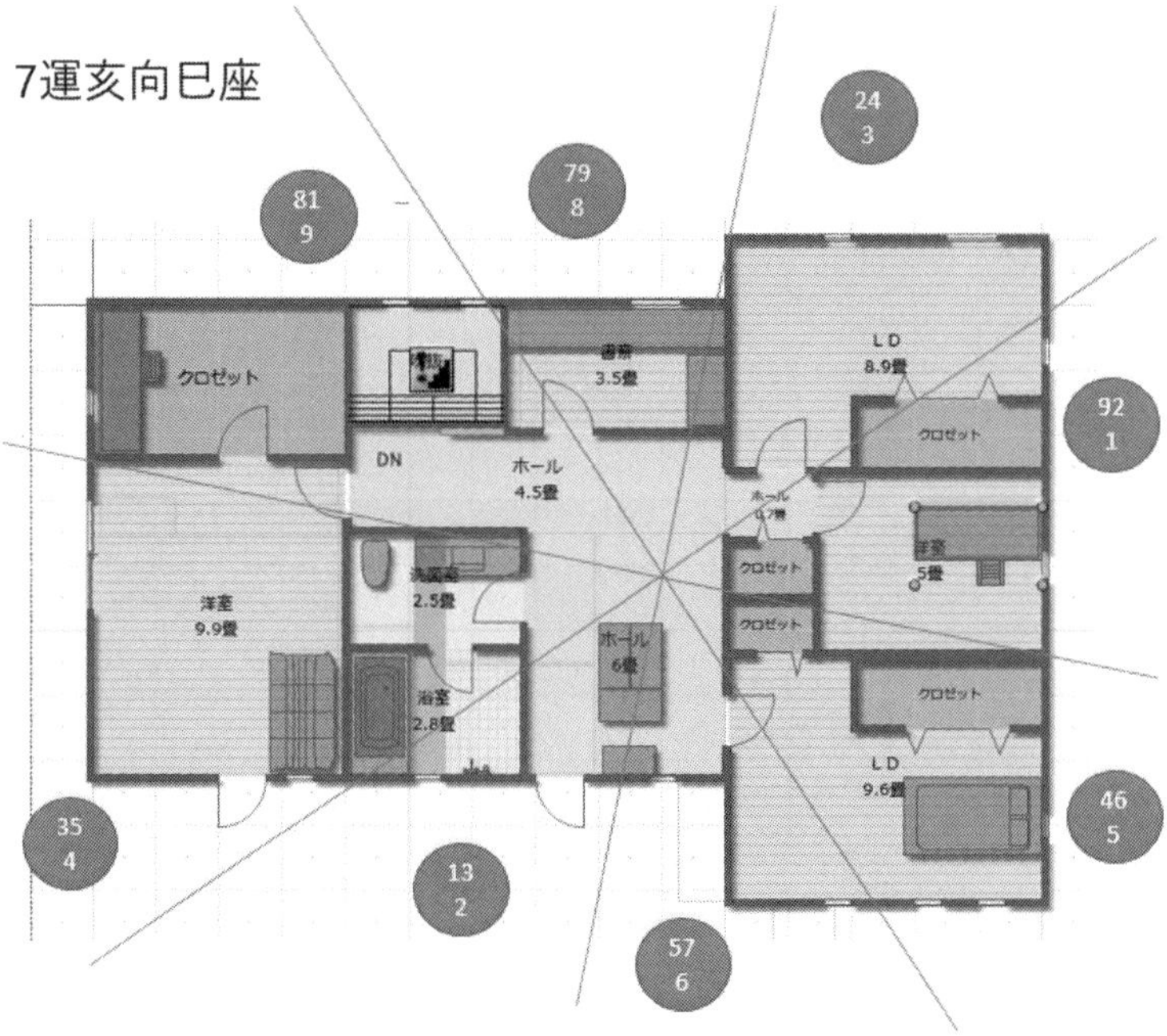


凶星）に剋されている上、玄関の方向には水口になる道路等が多数あり、山丁が損なわれていました。水星7も勝手口の狭い範囲にある上、隣の家が大きいため水星は全く作用しませんでした。

しかし8運期に入ると山水星9、1が吉星化するため、玄関の水星生9、リビングの山星生9が家全体の運気を上げます。前述していた上山下水の状況が逆転します。

元々砂法、水法などの外応もよかったこともあり、連珠三盤

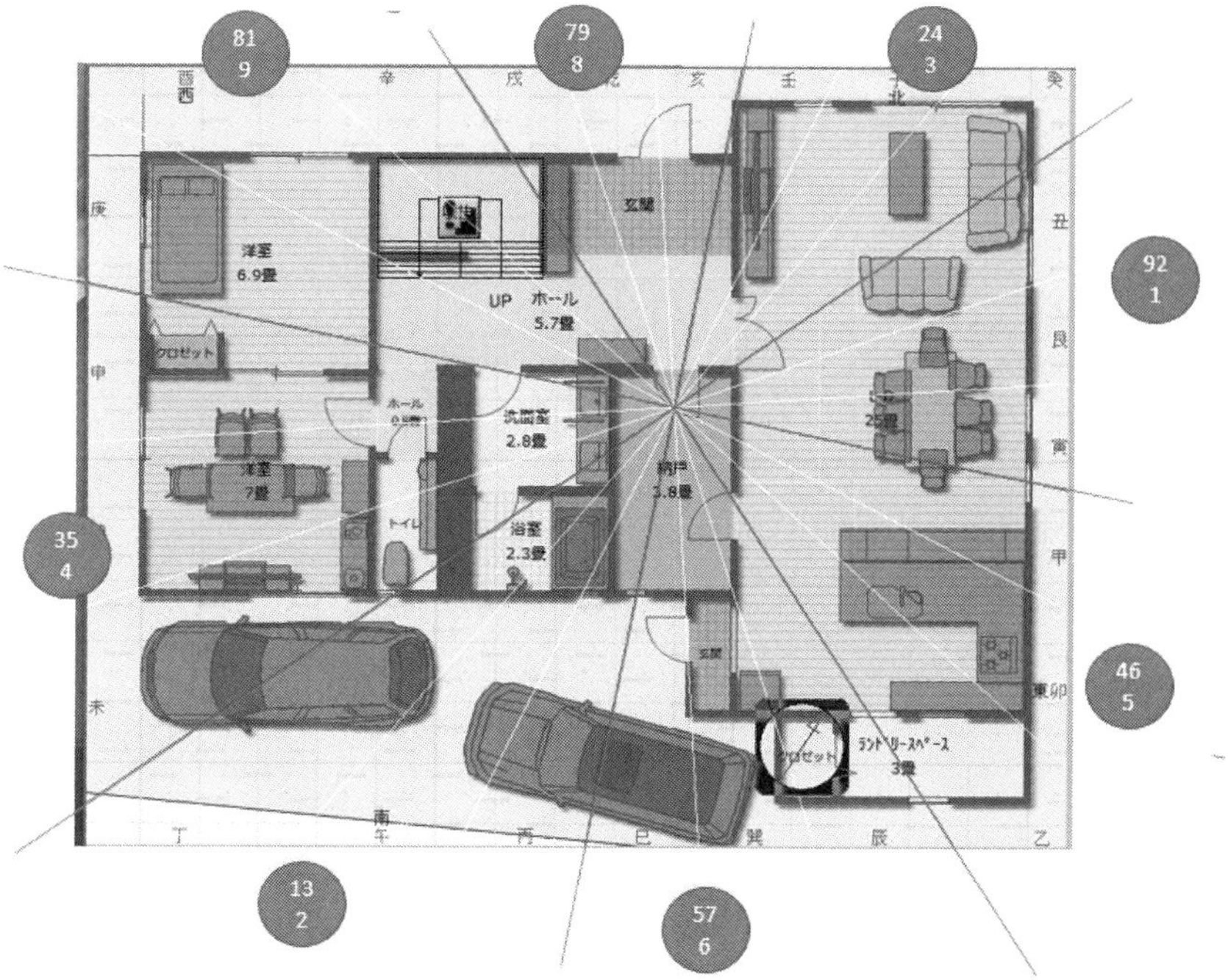


卦も吉作用を起こして、家のご主人は大出世しました。

第六章

# 風水に関する誤解を解く

本章では日本で常識的にはびこってしまった風水に関する誤解をQ&A方式で解いていきます。

## Q.1
## 北東と南西は良くないというのは本当ですか？

### A.1

日本家相においては北東と南西は鬼門といって忌み嫌われていますが、中国伝統の風水においては、北東と南西が吉方位の物件は多数あります。

## Q.2

## 家は南向きがいいのは本当ですか？

A.2

日本では南向きの物件が好まれますが、そこに吉凶はありません。Ｑ１と同じで南がいい家もあれば悪い家もあります。

東南アジアなど暑い地域では、南向きの家は室内温度が上がってしまうので北向きの物件の方が人気です。

## Q.3
# 西に黄色は金運に効くのですか？

A.3

冒頭にも申し上げた通り、他の占術師の方の処方に関して、その効果に関して否定するものではありませんが、その考えは中国伝統の風水のものではないとだけは断言しておきます。

西には固定的に「お金」の象意がありますが、中国伝統の風水では「西の理気を強めたら金運が上がる」という技法を私は見たことがありません。理解できる範囲としては、西の五行金の気を、黄色＝五行土を使って西の理気を強めるということにしたのだと思われます。

## Q.4 風水で財布が黄色だと金運が上がるって本当ですか？

### A.4

風水とは地理や建物から得られる気を使って運気を上げる術でありますので、財布に関しては風水の範疇外です。身に着ける、ということであれば四柱推命の範疇です。四柱推命では生まれた時間の五行の化殺で持ち物を使うことがあります。

風水生活を行うと家具の配置などで制限がありますので、せめてお財布くらいは好きな色のものをお使いになってください。

## Q.5
## 北枕は悪いって本当ですか？

A.5

北枕は仏教の開祖である釈迦が、入滅の際に頭を北、顔を西に向け、右わきを下に向けて横たわる姿勢を取ったことに由来しています。死に際して、故人が釈迦と同じ姿勢を取ることで極楽浄土に迷わず向かえるようにとの思いを込め死者の枕を北に向ける習慣ができたことから、縁起の悪いものとしたようです。

風水では、北に枕を向けた方がいい家もありますので全く気にいたしません。

## Q.6
## 盛塩は風水に効くというのは本当ですか？

A.6

盛塩は様々な由来があり、日本でも奈良時代には行われていたようです。意味合いは魔除け、お清めが主ではないでしょうか。神棚にも塩を備えます。

風水では塩を用いる処置は陽宅三陽で見ることがありますが、特別な例です。

## Q.7
# トイレが汚いと運気を下げるというのは本当ですか？

A.7

トイレの清潔度合いでの吉凶判断はありませんが、トイレが汚いと健康には大きく影響をいたしますので、風水の吉凶に関わらずトイレやお風呂などは綺麗な方がいいのではないでしょうか。

また、未婚の男女の場合、折角お相手ができたのに、その方の家のトイレが汚くて「百年の恋も冷めた！」なんていうことが起きないように注意してほしいところです。

## Q.8 玄関が散らかっていると金運が下がるのですか?

A.8

風水の古典のどこにも玄関の散らかり具合の吉凶は書かれていません。なので、吉凶的には気にすることはありませんが、トイレと同様で、誰かが訪ねてきた時に玄関が散らかっていたら、与える印象はいかがでしょうか?　人の基本的な生活の概念として、整理整頓は是非お勧めするところであります。

## Q.9

# 玄関に鏡を置くといいって本当ですか？

### A.9

本質的に鏡は「跳ね返す」効果があります。いい運でも悪い運でも跳ね返します。もし玄関に鏡があって、その鏡が外を向いていたら、玄関から入ってくる運を跳ね返します。逆に玄関に向かって跳ね返さなければならない家だとすると、そもそも凶の物件ということになります。

鏡は可能であれば使わない時は布を掛けたりしておくことをお勧めします。

特に寝室では寝姿が鏡に映らないようにしてください。

## Q.10

## キラキラするアイテムが風水にいいというのは本当ですか？

### A.10

キラキラして光を反射させたり拡散させたりするものであったら、「気を散らす」性質を持っています。鏡と同様で、いい運も悪い運も散らしてしまいますので、いい運気がある部屋に不用意にキラキラしたものを置いてしまうと、運を下げてしまうことがあります。

## Q.11 観葉植物や緑のものを置くと運気がアップすると聞いたのですが本当ですか？

A.11

観葉植物だけでなく植物は五行木の作用をします。なので、五行土の場所に置けば木剋土となり、その場の気が乱れ凶作用を生み出します。

花瓶に花を生ける程度の小さくて植物が数少ない場合は気にすることはありませんが、比較的に大きな観葉植物を置く場合は、正統な風水師に見てもらうことをお勧めします。

## Q.12 この間、テレビで「今年の風水流行色」といっていましたが、風水で流行色というのはあるのですか？

### A.12

流行色は、筑波大学で研究されていたそうですが、この分野の第一人者の黒川伊保子先生によると、流行はフランスから始まりイギリスを経由して東南アジアに渡って消えるそうです。渡るというより、ほぼ同時多発的に自然発生するような感じだそうです。

風水では物件内の五行の化殺で五色を用いますが、それに流行はありませんし、物件単位、かつ方位ごとに吉となる色はバラバラですので流行色という概念は特にありません。

洋服の色などは四柱推命の分野で、運気に影響しますが、生年月日時により異なってきますので人それぞれです。赤が吉の方もいれば凶になる方もいます。

## Q.13

### 部屋に暗い色のカーテンは凶だといわれましたが本当でしょうか？

A.13

暗い色とは概ね黒っぽい色を指すと思われますが、黒は五行水ですので五行火の場所に置くと水剋火となり凶作用が出ることがあります。

その他もＱ11同様、物件単位、方位ごとに使っていいか悪いかを決めますので、一概には吉凶を判断できません。

## Q.14 家を選ぶ時は、どの部屋を重視したらいいですか？

### A.14

これは家族構成によって異なります。

一人暮らしの場合は寝る場所を主に選びます。既婚者の家も共稼ぎの場合だったら寝室中心に見ます。専業主婦や3世帯同居ということになると、一日中家にいる人が過ごすリビング等の場所も考慮に入れなくてはなりません。

共通事項としては、玄関にいい気が廻ってきていること、水回りが凶方位にあることです。

本書で学ぶ範囲では賃貸物件を選べる程度ですので、ご購入の場合にはちゃんとした風水師にご相談いただくことをお勧めします。

## Q.15

とある心霊研究家の方が、「風水は、人によってやり方が違うので信用ができない」といっていました。それに関してどのように思われますか？

## A.15

本書で記した通り、風水にはものすごい数の流派があり、考え方も様々であり、流派ごとに処置や吉凶が異なります。流派ごとの違う考え方から生み出された様々な吉意を重ねていくというのが現代風水の考え方です。

本書でも八宅派と玄空飛星派も重ねて使用することを記しております。

沢山あるから信用できない、というのは風水の経験や知識が乏しいため、本質を理解していないと言わざるを得ません。

## Q.16

## 風水グッズって本当に効くのですか？

### A.16

すべてのグッズの効果を検証していないので何ともいえませんが、基本的には風水の基本を整えた上でないと効果のあるグッズだったとしても効力を発揮しません。正直、効くものもあれば効かないものも沢山あるでしょう。

それよりも本書に書かれた風水の基本を理解し、実践していただければ、風水グッズを使用しなくても、風水の効果は得られます。

最高の風水は風水グッズを置かずとも効果が出せる風水です。

# 巻末資料

巻末資料
1

# 鑑定の手順（玄空飛星）

①家の外応を見る。
②家の正確な間取り図を入手する。
③家の建立年代を調べる。
④家の太極（中心）を割り出す。
⑤羅盤や方位磁石を使って、家の正確な向きを割り出す。
⑥来水と去水を見る。
⑦正確な座向を割り出す。
⑧図面を正確に八方位に分割し線を引く。
⑨挨星を当てはめる。
⑩凶星を漏らす処置を行う。

巻末資料 2

# 主な風水の道具

・羅盤…鑑定に必要な情報が網羅されている盤。流派や大きさによって書かれている情報が異なる。

・魯班尺…家具や家のパーツの寸法を測る風水用の巻尺。

・尋龍尺…龍穴を探すための道具。隠宅風水で使用する道具。

巻末資料3

# 主な風水アイテム

・古帝銭…清朝に作られた五種類の古銭。通常五つをまとめて使用する。5は土となるため1枚足して6＝金として使用する時もある。化殺や増旺に用いる。

・鏡…八卦なども付けたものは「八卦鏡」という。鏡は基本的に気を跳ね返すので、それを活用して外部から飛んでくる殺などの邪気を跳ね返すのに用いる。室内での使用は基本的に凶。

・サンキャッチャー…光を乱反射させるガラス状の球体。外部からの邪気を散らす。

・八卦盤…黒曜石等に八卦が書かれているもの。黒曜石でできているものは、その場の邪気を取り除いたり、旺期を増加させたりする効果がある。

・山海鎮…八卦・護符・龍脈など、あらゆる開運要素が描かれた平面鏡。邪気を跳ね返すのに用いる。

・泰山石敢当…路冲殺などの気を跳ね返すための「石敢當」などの文字が刻まれた石碑。

・獣頭牌…青龍や白虎等の頭を付けた飾りもの。邪気などを跳ね返す。

## おわりに

本書で示したのは風水のほんの初歩にすぎません。風水には実に沢山の流派と考え方があり、処置の仕方や効果の出方も様々です。しかし、その中には風水とは呼べないのも多数存在することも確かです。読者の方におかれましては、本書を読んでいただいて、少しでも伝統的な風水をご理解いただき、これを機に風水を学ばれ、生活に正しい風水を取り入れ健やかな生活を送っていただければ幸いに存じます。

本書作成において、多大なる尽力を下さった黒門先生と黒門アカデミーのスタッフの皆様、並びに出版社の方々には心より感謝申し上げます。これに懲りず小生が以後出版する際にも何卒ご協力賜れますようお願い申し上げます。

## 著者紹介

### 佐田龍星
（さた・りゅうせい）

1968年2月11日島根県出雲市生まれ
臨死経験者の母より生まれる。

幼少期より、『日本書紀』や『古事記』といった神話や、幽霊・UFO・UMA・超能力など不可思議な事柄に興味を強く持つ。

19歳からタロットカードを覚えた後、独学でその他の占術も学び始める。

2005年2月スーパーテレビで黒門氏を知り、2009年より黒門アカデミーで本格的に中国占術を学び始める。

2020年黒門アカデミー上級インストラクターとなった後、株式会社黒門アカデミーを買収し、黒門アカデミーの企画運営を行っている。

得意な占術は「陽宅風水」と「四柱推命」と「断易」「観相術」。特に四柱推命と断易を使った「化解」は定評があり、様々な問題解決をし、周囲を驚かせている。

占いの他、現代催眠を使ったカウンセリングや、瞬間記憶術を使った自己啓発セミナーなど企業向けのサービスも併せて展開する。

現在は黒門アカデミーの企画運営の傍ら、自ら「風水」「四柱推命」「奇門遁甲」「瞬間記憶術」の専任講師を務める他、唯一の黒門アカデミー認定鑑定師として企業からの風水鑑定をこなす。

黒門アカデミー上級インストラクター
黒門アカデミー認定鑑定師
催眠心理療法士
瞬間記憶術マスター

# 真説《しんせつ》　黒門風水入門《こくもんふうすいにゅうもん》

発行日　　2022年4月20日　初版発行
著　者　　佐田龍星
監　修　　黒門
発行者　　高木利幸
発行所　　株式会社説話社
〒169-8077　東京都新宿区西早稲田１－１－６
企画協力　　黒門アカデミー
挿絵イラスト　　吉房アコ
デザイン　　市川さとみ
印刷・製本　　中央精版印刷株式会社

ISBN 978-4-906828-85-2　C 2011